Xavier Péron

Tu ne peux pas presser la Déesse en lui donnant un coup de coude !

Roman
EYROLLES

Du même auteur

L'Occidentalisation des Maasaï du Kenya : Privatisation foncière et déstructuration sociale chez les Maasaï du Kenya, essai, 2 vol., L'Harmattan, coll. « Connaissance des hommes », 1995.

Maasaïitis, récit, préface de Pierre Rabhi, Blanc Silex éditions, 2003.

Sagesse maasaï, Blanc Silex éditions, 2004.

Maasaï, peuple d'espoir, récit, préface de Pierre Rabhi, Éditions Monde Global, coll. « Terre de Vies », 2007.

Je suis un Maasaï, récit, Arthaud, coll. « La traversée des mondes », 2007.

Messages d'un Maasaï à l'Occident, témoignage, Quimper, Éditions Retour à la Vie, 2009.

L'Être à voir : La résistance intérieure des Maasaï, beau livre (photographies), préface d'Abdou Diouf, Éditions Retour à la Vie, 2011.

Les Neuf Leçons du guerrier maasaï, récit initiatique autobiographique, Jouvence Éditions, 2013. Prix Alef 2014 des librairies Mieux-être et Spiritualité.

Les 4 Cercles maasaï du bonheur, livre pratique, Jouvence Éditions, 2015.

Xavier Péron est écrivain, anthropologue politique et expert des peuples premiers, notamment au sein du GITPA (Groupe international de travail sur les peuples autochtones). Il a été maître de conférences à la Sorbonne, et à l'île de La Réunion où il a dirigé un laboratoire de géopolitique. Auteur de nombreux articles et ouvrages sur les Maasaï ainsi que de deux films documentaires, il est aujourd'hui devenu un transmetteur de leur Spiritualité auprès des Occidentaux dans le but de la faire connaître du grand public, mais aussi de redonner à celui-ci des clés simples, concrètes et utiles de développement personnel.

Retrouvez toute l'actualité de l'auteur sur :

www.xavierperon.com

et sur sa page Facebook : Xavier Péron,
les clés de la sagesse maasaï

À Alexandra
Aux Maasaï, et à la Déesse Enk'Aï
afin qu'Elle éveille les consciences et nous permette de vivre
une ère de lumière, d'amour et de progrès spirituel.

« … Celui qui est capable de contempler la beauté du monde
en partageant sa douleur et de prendre conscience
d'une parcelle du caractère exceptionnel de l'une et de l'autre,
celui-là est très proche du divin… »

OSCAR WILDE, *DE PROFUNDIS* (LETTRE, 1905)

Première partie

De l'ombre…

Ejo tungani shaat ena naa torrono ena,
kake meeta enayiolo te pokira.

« L'homme dit : "Ceci est bon, cela est mauvais",
mais il ignore tout du sens de la Paire ! »

PROVERBE MAASAÏ

1

Quelque part en Touraine...

Lorsque Sélénoï franchit le seuil de la porte, elle s'arrêta un instant sous la véranda, cligna des yeux dans la lumière éblouissante et vérifia l'état du jardin qui s'étendait devant la maison. La pelouse avait sérieusement besoin d'être tondue. Cela faisait un mois qu'elle ne s'en était plus occupée. Coupée ras et semblable à un tapis de velours, elle s'était transformée en un amas de touffes d'herbe. C'est mieux ainsi, pensa-t-elle, vraiment plus naturel.

La jeune femme prit une profonde inspiration et écouta le bruissement des oiseaux qui se faufilaient dans l'avant-toit. En cet après-midi du début d'octobre, tandis que les érables sur la butte d'en face s'embrasaient d'un feu écarlate, elle éprouva pour la première fois depuis près de cinq mois un sentiment de sécurité. L'impression d'être maîtresse d'elle-même. Elle se sentit emplie d'une sensation prégnante d'appartenance à l'univers, envahie par des bouffées de foi en la vie.

Chaque jour après déjeuner, elle empruntait le chemin longeant la propriété qui la menait à une vallée encaissée où coulait un ruisseau aux allures de torrent. Tout au bord, elle y avait construit une cabane en bois toute ronde, entre deux hêtres qui découpaient la lumière en rais ondoyants.

Le cours d'eau la rassurait, enveloppant tout son être de sa présence mélodieuse et de son effluve parfumé. Dans son petit nid douillet, sur une natte, elle prenait une position de profonde intériorité et entrait en contact avec les Esprits de la Nature. C'était devenu un rituel.

Elle se releva, fit quelques pas, puis s'arrêta. Un jeune homme, lui tournant le dos, se tenait face au soleil et semblait s'extasier devant des jeunes pousses aux feuilles épaisses, d'un vert presque noir. De l'endroit où elle se trouvait, à sept ou huit mètres de lui, Sélénoï le contempla.

Il ne portait ni chemise ni chapeau, rien qu'un short kaki, et avait toutes les caractéristiques d'un coureur de fond. Un corps long, mince et gracieux, des lignes qui s'amincissaient graduellement depuis les larges épaules jusqu'aux hanches, étroites et racées.

Lorsqu'il s'aperçut que sa sœur était là à le regarder, il lui sourit joyeusement. « Quel beau visage ! », se dit-elle. Elle ne s'en lassait jamais. Il était parfait. Le nez était court et droit, les pommettes hautes et saillantes, la bouche délicatement dessinée et ourlée. Quant aux yeux, ils étaient grands, à l'éclat particulier, tout en intensité et douceur, lui donnant un air d'innocence enfantine, un regard envoûtant.

Elle comprenait pourquoi, à un an, on lui avait attribué ce prénom qu'il portait aujourd'hui : Mayiani, « celui dont le regard clair protège ».

Ils s'étreignirent puis remontèrent doucement vers la maison, grisés par une odeur de terre, de bois mort et de mousses un peu entêtante.

Mais pas autant que l'odeur des lilas qui fleurissaient lorsqu'ils étaient arrivés, la toute première fois, devant cette imposante bâtisse, faite de bois et de pierre, avec son petit donjon et ses deux cheminées.

Elle se rappelait ce jour-là comme si c'était hier. Son père conduisait tout en tenant la main de sa maman attendrie. Un homme heureux rend sa femme heureuse, se souvenait-elle avoir pensé en sachant que sa mère ne réclamait rien d'autre qu'un bonheur simple.

Cinq mois déjà !

Ils entrèrent dans la maison et empruntèrent tous les deux le large couloir en lambris qui séparait deux immenses pièces, chacune agrémentée d'une cheminée monumentale.

À gauche, une salle à manger et un salon que l'on n'ouvrait que les week-ends et pour recevoir les invités ; à droite, la cuisine où l'on se cantonnait le plus souvent et qui abritait douillettement toute la famille. Un feu y brûlait en permanence.

Sélénoï pénétra entre les deux jambages et décrocha la marmite brûlante de son support, avant de filtrer le thé dans une élégante théière en fonte émaillée. Elle offrit à son frère un beau mug en porcelaine rouge tout fumant. Elle en prit un à son tour puis se rassit auprès de lui.

Ils contemplaient les flammes qui crépitaient en lançant des gerbes d'étincelles lorsqu'elle lui tendit une feuille pliée en quatre.

— Papa m'a demandé de te remettre cette lettre. Il la déplia avec un soin tout particulier et se mit à la lire, enveloppé d'un grand bien-être :

« Mon fils, je connais ta passion pour le football. Je sais que tu rayonnes malgré ton jeune âge et que les gens qui croisent ton chemin se transforment à ton contact. Je ne sais pas pourquoi mais j'ai eu l'intuition qu'il était important que tu assistes mercredi soir à la rencontre entre le Paris Saint-Germain et la Juventus de Turin. J'ai eu deux places et nous assisterons ensemble au match depuis la loge privée du numéro 9 de Paris, Skender Murati. Sois à dix-huit heures au Parc des Princes. Retrouvons-nous à la brasserie Au But en or.

« Je t'aime,

« Ton papa. »

2

Parc des Princes, Paris, mercredi 18 octobre…

— Skender ?

— Oh, salut Ingrid ! ai-je répondu en jouant les décontractés. Quoi de neuf ?

Il y a eu un bref silence au bout du fil.

— Comment vas-tu ?

Mon iPhone a failli me tomber des mains. On ne peut pas dire que son coup de téléphone me ravissait, ça non ! Qui avait bien pu lui donner mon numéro ? Quel idiot ! Ma mère bien sûr.

— Skender ?

— Ça va, ai-je bredouillé, encore sous le choc…

Je suis en plein match de poules de la Ligue des champions, le troisième de la saison, et je ressasse encore le coup de fil de ce matin… Comme un automate, je remise un centre sur Marco qui frappe sur le poteau. D'une voix sourde, le public du Parc crie son dépit. Sans génie, mais avec une défense regroupée, la Juve se montre très coriace. Dans le froid sec de l'automne, je me heurte systématiquement à un mur. Les Italiens sont de petits gabarits, tenaces, et collent comme des morpions à leurs adversaires dans le plus pur style latin. Ils sont visiblement venus pour tenter le match nul.

Je sais que je ne dois pas me précipiter. Bon sang ! Prends ton temps. Il reste encore vingt minutes à jouer.

Je me décale sur la gauche et tente une frappe soudaine de vingt-cinq mètres. Comencini, l'immense gardien de la Squadra Azzura est à la parade. J'enrage. Qu'est-ce qui ne va pas chez moi ? J'ai montré trop tôt où je voulais tirer…

— Tu es occupé ?

— Oui, assez.

— Oh… Je vois… a-t-elle dit d'une voix hésitante mais calme.

Elle a marqué un nouveau silence.

— Pourquoi m'appelles-tu ?

Elle a encore laissé s'écouler quelques secondes avant de répondre.

— Eh bien… Je suis venue spécialement de Munich pour te voir et je voulais savoir si tu pouvais passer après le match…

Christian dédouble dans mon dos et m'appelle. Je sors une talonnade qui est interceptée par le Français Patrick Stam, l'un des très bons défenseurs du club transalpin. Le coach se lève pour me réprimander et me demander de jouer plus simple. Sans lui répondre, je me précipite vers mon coéquipier qui a fait l'appel : « La prochaine fois, ne m'appelle pas, je t'avais vu ; si tu n'avais pas parlé, le défenseur n'aurait jamais anticipé ! »

— Passer ?

— Oui, chez moi.

— Chez toi ! me suis-je exclamé sans chercher à masquer ma surprise grandissante. Mais chez toi, c'est à Munich, pas à Paris…

J'ai la désagréable sensation d'être devenu spectateur. C'est comme si l'on venait de me voler la vedette. J'entends les soupirs d'extase monter des tribunes, où flotte une banderole « Ici, c'est Paris ! » semblant me narguer.

Profitant d'une perte de balle du meneur de jeu italien Peroni, au centre du terrain, Angel Paradiso, qui porte bien son nom, vient d'exécuter un enchaînement divin. Je suis jaloux de l'aisance de cet Argentin du PSG qui me fait de l'ombre. Crochet du gauche, balle piquée du droit mettant à genoux le portier turinois. Mais le ballon effleure la barre transversale et retombe derrière la cage. Le public est ravi, les chants redoublent. Les supporters scandent son nom, et moi, je me sens vidé, pas du tout dans le coup…

— J'ai décidé d'apprendre le français. Et ainsi, je serai près de toi.

— Près de moi ?

— Bon, je voudrais te parler, continua-t-elle en ignorant ma réaction. C'est très important, sinon je ne t'ennuierais pas avec ça.

— Tu ne peux pas juste me le dire au téléphone ?

— Je préfère qu'on se voie, la présence vaut mieux que de simples phrases.

Corner de l'autre côté. On s'agite dans la surface de réparation du club parisien. Klaus, notre gardien allemand, avec qui je m'entends très bien, s'époumone en anglais pour nous faire placer devant sa cage, comme s'il jouait sa vie sur ce coup de pied arrêté.

Tout surpris d'être sur la trajectoire du ballon, je le repousse de la tête comme je peux, mais il revient aussitôt aux six mètres. Calvano, bien placé, contrôle de la poitrine et a le temps de frapper en demi-volée. C'est au fond ! Douche froide, silence de plomb dans le stade. Je me tiens la tête à deux mains. Les *Juventini* viennent d'ouvrir le score et mènent un à zéro. Quelle injustice alors que l'on a campé durant tout le match dans leur moitié de terrain ! Plus que six minutes à jouer…

L'équipe trouve enfin un espace vide dans l'arrière-garde turinoise. Franck Perry et Javier Sanchiz dédoublent à gauche. Le centre que ce dernier m'adresse est idéal. Sans réfléchir, je reprends de volée à bout portant et je marque.

C'est la délivrance tant attendue et le délire chez les supporters. Le but soulève un « Ohhh » d'émerveillement d'une incroyable intensité. Je cours en faisant des sauts de cabri. Et je saute encore lorsque je vois le juge de touche, le drapeau levé.

Je me précipite vers lui en lui demandant s'il sait qui je suis. Le meilleur avant-centre de la planète ! Et qu'en tant que tel, je ne suis jamais hors jeu. Je cherche à lui faire peur en grimaçant et même en l'insultant. Je trépigne. Peine perdue. Mon but est refusé, la Juve mène toujours…

Je comprends alors qu'elle ne me lâchera pas et qu'il me faudra l'écouter tôt ou tard. Dans mon cerveau défilent différents scénarios possibles. Pendant que je tergiverse de la sorte, la petite voix au fond de moi me murmure qu'Ingrid m'a sorti d'affaire à plusieurs reprises et que je lui dois bien d'écouter ce qu'elle a à me dire. Même si je peux me montrer parfois irresponsable, j'aime à croire que j'ai un bon fond.

— D'accord, mon chéri, concentre-toi sur ton match. On se verra demain, tu seras plus reposé.

— Non, finalement aujourd'hui sera parfait…

Je suis à bout de forces. Mes douleurs au ventre viennent de se réveiller. Je les avais presque oubliées celles-là… Je demande à sortir alors qu'il ne reste plus qu'une poignée de secondes à jouer et que nous sommes toujours menés à la marque.

Pour la première fois, le public du Parc me siffle copieusement.

Tête basse, je rejoins le banc de touche et frappe de rage les mains de Juan Diaz, qui me remplace. Deux joueurs remplaçants dans le camp italien se sont levés pour me narguer en entamant des pas de danse. Je ne demande pas mon reste et file directement au vestiaire. Ce n'est pas mon jour !

3

Dans la loge VIP du numéro 9…

Le salon panoramique aux lumières tamisées respire le luxe feutré. Situé à une distance idéale de la pelouse pour la meilleure vue plongeante qui soit, il est composé de plusieurs boxes comportant chacun deux fauteuils en cuir profonds et spacieux, séparés par une table basse.

Dans la pénombre de l'un d'eux, Mayiani, impassible, semble s'être endormi. On est à des années-lumière de l'ambiance brûlante du grand match européen qui se joue de l'autre côté de la vitre.

Son visage est totalement paisible, ses cils battent faiblement, et la masse imposante de ses cheveux tressés est ramenée en arrière de sa tête à la forme parfaite. Sa poitrine se soulève et s'abaisse à peine. Mais ses lèvres légèrement retroussées montrent avec quelle intensité il vit le match.

À côté de lui, un plateau rempli de toasts et une théière pleine n'ont guère été entamés.

— C'est fascinant, cet homme possède une intelligence unique du jeu. Il est toujours bien placé et « voit » avant les autres. Il caresse la balle comme personne. Et puis cet intérieur du pied qu'il possède ! s'exclame Mayiani soudain, comme s'il s'extasiait devant un tableau de Botticelli, avant que le numéro 9 du Paris Saint-Germain ne voie son but refusé.

Il se penche vers son père :

— Tu vois, papa, cet homme est capable à la fois d'accomplir le geste juste au moment opportun et de perdre aussitôt son sang-froid. Avant de vivre à fond le joueur extraordinaire qu'il est, il devrait apprendre à se découvrir en tant qu'homme et ainsi à canaliser ses états d'âme.

— Tu as raison, mon fils ! As-tu noté comme il semble bancal avec ses jambes arquées ? En Afrique, ce type de morphologie est une prédisposition pour le football.

Quelques instants plus tard, au coup de sifflet final, l'adolescent actionne la commande électrique pour incliner le fauteuil confortable et méditer sur le sens à donner à tout cela. Il plaque des écouteurs sur ses oreilles pour se délecter des paroles d'une chanson d'Emmanuel Moire, si proches de sa philosophie de vie centrée sur l'acceptation des épreuves.

Il lui semble avoir dormi comme un bébé lorsque sa conscience est soudain sollicitée par le pépiement de ses voisins émerveillés à la vue de la star parisienne.

Il se lève à son tour, amusé de voir tous ces adultes autour de la légende vivante tenter d'immortaliser la scène avec leurs Smartphones.

Sollicité pour des photos ou des autographes, Skender Murati a revêtu le costume officiel du club. Ses yeux semblent implorer la fin de la partie. Le jeune homme le remarque aussitôt.

Lorsqu'il arrive à leur hauteur, serrant la main de son père d'abord puis la sienne, Mayiani note que sa poignée de main est moite. Il scrute aussi sa pâleur crayeuse et ses yeux enfoncés dans leurs orbites, en contradiction avec son allure générale de quelqu'un qui est bâti en athlète et capable de s'emparer de ce qu'il veut.

Il prend le temps de détailler l'homme un peu fuyant qu'il a en face de lui, et s'interroge : comment se fait-il qu'un homme tel que lui, de taille certes moyenne mais puissamment charpenté, trapu, au torse démesuré, à la tête énorme et léonine, soit aussi peu sûr de lui ?! Comment est-ce possible qu'un homme qui se montre si disponible, si généreux sur le terrain, et constamment en action à la recherche de solutions, ait si peu de charisme en dehors du jeu ?

Mayiani sait mieux que quiconque accompagner les personnes au moral défaillant. Aussi ne lui laisse-t-il pas le temps de se perdre en de vaines mondanités. Il a lu que la langue dans laquelle le joueur s'exprime le mieux est l'allemand. Justement, lui aussi a appris cette langue lorsque son père était en poste en Allemagne quelques années auparavant.

— Savourez chaque journée comme si elle était unique, lui dit-il dans la langue de Goethe.

— Je vous demande pardon ?

— Vous ne comprenez pas mon allemand ?

— Si, il est parfait, mais c'est juste que je n'ai pas saisi le fond de votre pensée.

— Les vents m'ont dit que le monde est beau. Rien n'est définitif. La vie est un long mouvement perpétuel et musical.

Le footballeur a toujours considéré qu'il ne faut jamais laisser apparaître ses fragilités. « On ne prête qu'aux riches de caractère… » Il avance alors vers lui en affirmant avec conviction et avec une gaieté qui semble forcée :

— Vous avez mille fois raison. Mais, excusez-moi, j'ai encore des obligations médiatiques à satisfaire.

Puis, depuis son poste d'observation, Mayiani le voit enfiler une grande pelisse de vigogne, avec une martingale dans le dos et de grandes poches sur le côté. Il fronce les sourcils, deux détails le frappent. Skender remonte sans cesse son col, comme s'il était mort de froid, alors que la température ambiante est douce et agréable. Et, il a les pieds ouverts, il marche en canard.

Se tournant vers son père, il lui susurre :

— C'est incroyable de constater combien, malgré les progrès de la science, le confort et l'aisance matérielle, l'homme occidental souffre d'un terrible manque indéfinissable. Un numéro 9 qui possède une telle « vista », une telle générosité, devrait pouvoir transcender ses limites en tant qu'homme et devenir le plus accompli de tous les footballeurs.

— Tu es doué, mon fils, pour connaître l'âme des gens. Tu sais comment ils fonctionnent, ce qui les fait s'épanouir, ce qui les bride, ce qui les inspire, ce qui les pousse à se dépasser…

4

En route vers chez Skender, à Montmartre…

Je retrouve Jeff, le voiturier, qui m'attend au parking VIP à côté de ma voiture rouge sang. Avec une courbette, il m'ouvre la portière en laissant échapper un petit rire d'oiseau, comme s'il était gêné pour moi. C'est vrai, se faire battre au Parc alors que je suis payé à prix d'or pour marquer des buts a de quoi susciter des rumeurs. Moi, le meilleur *goleador* que le Bayern de Munich ait connu. Je lui bredouille qu'on l'emportera dans quinze jours à Turin.

En m'installant au volant de ma Lamborghini Miura, élue « Plus belle voiture de tous les temps », je jette un œil dans mon rétroviseur qui me renvoie un visage fatigué, avec des rides et des poches sous les yeux. Je sens une tension dans tout mon corps, comme si s'élargissait plus encore cette faille béante que je porte depuis l'enfance. Ce constat fait monter en moi à la fois beaucoup de violence et de l'impuissance.

Je mets le contact pour actionner le chauffage. Je suis déprimé alors que j'ai tout, et me demande pourquoi je n'arrive pas à sortir une fois pour toutes de cet état. Je tente de rassembler les images lointaines de mon passé. À quoi bon ? Je me souviens plutôt de l'été dernier où j'ai cru défaillir de bien-être en me rendant chez Sotheby's à Londres pour une vente aux enchères qui me tenait à cœur. Devenir propriétaire de la Miura SV de 1971. Tout comme Miles Davis, Frank Sinatra, Elton John et même le shah d'Iran avant moi !

Une Miura, ça se mérite. C'est du moins ce que j'avais pensé. Sa réputation de bête sauvage, aussi difficile à dompter qu'à entretenir, m'avait paru me ressembler. Et je n'avais pas hésité une seconde à débourser deux millions d'euros pour l'acquérir. Le lendemain, les tabloïds avaient titré : « Le mariage réussi de deux stars planétaires ! »

En conférence de presse dans le hall de la prestigieuse institution, moi, d'ordinaire si discret, j'avais lâché :

« Cette voiture va m'apporter le bonheur car elle a tout ce que je recherche, des courbes sensuelles, des performances hors norme, une combinaison envoûtante à la fois de féminité et de virilité. Pour faire court, un chef-d'œuvre explosif rien que pour moi. »

J'allume mon iPod. Je tapote sur l'écran pour afficher la liste de lecture et choisis *La Traviata* de Verdi. Littéralement, « La Femme dévoyée », l'histoire d'une courtisane qui connaît un amour impossible avec un jeune bourgeois, et succombe finalement à la maladie au moment même où il vient la retrouver. La musique emplit l'habitacle. Généralement, j'adore les musiques classiques mélancoliques, un brin déprimantes, sans doute parce qu'elles font écho à mon état, je suppose. Mais là, je ne ressens qu'une immense lassitude.

Je démarre brutalement ; l'accélération couvre les violons de Verdi. À peine sorti de l'antre du stade, ignorant des fans qui me conspuent, je tourne à gauche dans l'avenue du Parc des Princes. Quelques rares nuages s'effilochent devant la lune en pleine ascension brillant d'un éclat surnaturel. J'enfonce la pédale de l'accélérateur en direction du périphérique.

La poussée me plaque au fond de mon siège. Je revis, au volant de mon bolide qui avale les kilomètres. Un bon passe-temps, un excellent dérivatif, surtout lorsque je suis frustré.

Mais l'embellie ne dure pas. L'amie munichoise est dans mes pensées. Mon iPhone se met à vibrer. C'est elle, j'en suis sûr. Bon sang, où est-il ? Dans la poche de ma veste. Je décroche rageusement. J'entends la voix d'Ingrid dans le combiné. Mais la batterie rend l'âme.

Le temps de le brancher sur celle du véhicule et de recomposer le numéro, ses paroles m'enveloppent de leur douceur.

J'ai soudain envie de m'abandonner à ce sentiment, même si je suis bien décidé à ne pas me lancer dans une nouvelle histoire amoureuse avec elle.

— J'ai regardé le match à la télévision. Tu as été très bon, mon chéri, comme d'habitude !

Je me raidis instinctivement alors que les nuages ont disparu et que la lune, presque orange, me tend ses bras réconfortants.

— J'ai été calamiteux tu veux dire ! C'était une parodie de football. Je ne pense qu'à marquer, une véritable obsession. Mais je ne suis pas foutu d'avoir une vraie vision du jeu. Je suis devenu prévisible.

— Tu penses trop, mon amour. Arrête de te projeter, ça nuit à ton équilibre, et poursuis ce que tu fais de mieux. Vis l'instant.

Je la retrouve bien là. Depuis que je la connais, elle a le don de m'énerver avec ses grandes phrases...

— Tu es toujours là ?

— Oui, oui. Mais, dis-moi, tu n'as pas fait tout ce chemin pour me débiter ces dictons de grand-mère ?

— Tu doutes et tu as peur de la vie, *mein Schatzy*. Je suis juste venue te dire que c'est l'amour, la solution, ta solution !

Qu'est-ce qu'elle me chante là ? Moi, peur de la vie ? J'ai un succès considérable, les gens viennent des quatre coins de la planète pour me voir, ils m'adorent. Tu parles ! De rage, je pique une pointe à deux cent cinquante kilomètres à l'heure, mais la bestialité de la Miura soudain réveillée me fait peur, je lève le pied.

— Bon, je vais te laisser.

— Non, tu plaisantes ? Je veux te voir maintenant, je veux que tu me dises pourquoi tu es venue. Je pensais pourtant avoir été clair avec toi en quittant Munich.

— *Unmöglich*[1] *!* Va te reposer. Tu en as bien besoin. Nous nous verrons demain soir après ton entraînement. Je suppose que tu en as un le lendemain d'un match, comme au temps du Bayern ?

— Oui, un décrassage, euh !...

— J'habite à deux maisons de là où tu es... Et j'ai une petite surprise pour toi. À demain, mon chéri, dors bien !

Pas le temps de répondre quoi que ce soit qu'elle a déjà raccroché. Plusieurs fois, j'essaie de la rappeler, mais à chaque tentative, mon appel atterrit sur sa boîte vocale. De toute façon, je suis arrivé.

Je bipe Phil, le concierge, qui m'ouvre aussitôt la porte de mon parking souterrain. Je me range à côté de mes deux autres voitures prestigieuses, sans leur accorder un seul regard, je file jusqu'à l'ascenseur.

Fatigué et déprimé. Je me remémore le match. Aucune présence dans les duels, pas de jambes, pas disponible en attaque, friable défensivement. J'ai l'impression d'avoir vieilli de dix ans, je me sens abattu. Dans ces cas-là, une seule solution. Je me rends directement dans la salle de bains et passe dix bonnes minutes sous la douche pour sortir de ma léthargie.

En peignoir, je regagne le salon, et je me prépare un double expresso que je déguste en regardant le Sacré-Cœur illuminé par la lune brillante, frémissant de mille tons. Je m'assois devant

1. Impossible.

la baie vitrée et contemple ce spectacle inouï en silence, dont je jouis pleinement et gratuitement. Incroyable, non ?

Mon club débourse trente mille euros chaque mois pour mon loyer. Il a fait appel à un architecte de renom pour transformer cet hôtel particulier quelque peu décrépit en une luxueuse demeure pourvue des derniers raffinements du confort moderne. Et pourtant le constat est implacable. Je me sens impuissant à me laisser aller à une quelconque sensation de bien-être.

À la place, une douleur sourde me vrille le plexus. Le Kosovo, je me souviens. Dès mon plus jeune âge, j'accompagnais mon père sur les terrains, j'adorais le voir jouer. Très tôt, j'avais remarqué le plaisir qu'il prenait à retrouver ses copains. Ils se marraient, ils déconnaient, ils étaient heureux. Jusqu'au coup d'envoi du match, où je constatais qu'ils redevenaient très sérieux. Et, à la fin de la partie, le bonheur et l'amitié reprenaient leurs droits.

Avec mon frère, c'était aussi le foot, nous jouions comme des fous. Mais j'avais une rage de réussir qu'il n'avait pas. Je me surprends à sourire en repensant à l'entraînement que je m'imposais et qui tournait souvent à l'obsession. Durant des heures, je jouais seul avec un ballon contre un mur du jardin. Au grand dam de nos voisins. J'avais huit ans.

Les émotions affluent, avec des larmes, que je sèche au plus vite d'un revers de main.

Déjà à l'époque, j'avais le goût de la compétition. Je n'acceptais pas la défaite. Je la détestais. Le moindre jeu était prétexte à de farouches compétitions. Mon seul bonheur, c'était la gagne. Perdre était pour moi quelque chose d'inconcevable.

J'éteins les lampes pour jouir de la lune et de son spectacle. Je suis à Paris, la Ville lumière. Sois heureux ! Mais la scène, loin de m'apaiser, semble une insulte à mes sombres pensées. Ma gorge se serre. C'était l'année de mes dix ans. Les Serbes ont fait irruption dans notre vieille maison. Ma vie a changé à jamais.

Je pleure à chaudes larmes. La peine et la peur, avivées par mon angoisse, tourbillonnent en moi. Je presse sur le bouton de la télécommande pour me réconforter avec *Love is a Mystery*. Au piano, les premières notes douces et envoûtantes de Ludovico Einaudi me font du bien.

J'allume mon ordinateur portable. Comme prévu, un mail d'Hildegard m'attend dans ma boîte de réception. J'ouvre le fichier PDF et joue sur le pavé tactile pour faire défiler les nouvelles pages du livre qu'elle est en train d'écrire sur moi.

Je lis en diagonale :

« Être le meilleur footballeur de la planète ! Son leitmotiv, son but avoué. On le traite de prétentieux, mais lui s'en moque, il se donne les moyens d'arriver à ses fins… Skender n'est pas une pure pointe. Il aime naviguer entre les lignes, plus à la manière d'un meneur de jeu… Il passe son temps à décortiquer tel geste du « roi » Pelé, la star du football brésilien qu'il admire tant, et s'escrime à le reproduire… Il court vite, très vite, se montre infatigable, dribble merveilleusement, montre une agilité prodigieuse. Comment lui, aussi trapu, peut-il être aussi souple, aussi félin, aussi insaisissable ? En partie grâce au judo. À quinze ans, il est déjà ceinture noire… »

Je referme l'ordinateur avec un soupir. Il faut absolument que j'arrive à faire fondre la boule qui me bloque l'estomac. Quand retrouverai-je la paix ?

5

Sélénoï, à l'aube…

Sous la poussée du jour, le ciel se colore en mauve. Des vapeurs laiteuses courent sur les herbes folles. Autour des rochers, sur la rivière qu'ont délaissée les sirènes, la brume s'effiloche comme un manteau usé.

Avec le soleil, des coulées pourpres envahissent l'horizon, allumant partout leurs feux. Dans le bleu pâle du jour, Sélénoï renaît. Tout redevient possible.

Elle s'est enroulée dans une couverture indigo, et communie avec la Nature tout près de sa cabane au bord de l'eau. Toute la soirée et une partie de la nuit, elle a communiqué sur un mode télépathique avec son frère pour, ensemble, soutenir un homme en perdition derrière la toute-puissance de son numéro 9.

Cela fait suite au rêve très précis qu'elle a fait de celui-ci, les appelant à l'aide.

Aussi loin qu'elle porte le regard, aucune laideur n'atténue le plaisir des yeux. Une nuée sombre et bruissante vire au-dessus de sa tête. C'est une bande de palombes, en chemin pour le Midi. Elles s'abattent sur les éteules et reprennent des forces en nettoyant les parcelles non encore retournées de leurs derniers grains de blé.

La jeune femme est adossée au tronc d'un ginkgo biloba aux feuilles d'un vert étincelant comme des milliers de petits éventails.

À force de dialoguer avec cet arbre majestueux, elle a appris qu'il existait bien avant les dinosaures, qu'il était le « seigneur du temps », et qu'il pouvait vivre plus de quatre mille ans. Il lui rappelle le ficus thonningii, l'arbre sacré du pays de son enfance, sous le regard bienveillant duquel elle a grandi.

Elle a aussi appris de lui que, pour survivre à tous les cataclysmes qui ont dévasté la Terre, il n'a jamais arrêté de se transformer. Au tout début, ce n'était qu'un épineux, une sorte d'arbuste coriace qui n'avait rien à voir avec l'arbre majestueux au feuillage duquel elle murmure aujourd'hui. Les savants qui l'étudient ont pu déceler la présence ancienne d'épines sur ses feuilles séchées, comme un message secret sur un parchemin précieux.

Sélénoï a toujours eu la passion des arbres, qui lui enseignent la notion du temps, sa valeur. Pour elle, ils sont de merveilleux alchimistes qui captent la lumière pour la transformer en matière végétale, mais aussi pour nous faire grandir, nous rappelant que nous sommes comme eux des ponts entre la Terre et le Ciel.

Elle pose délicatement ses mains sur le tronc rugueux du ginkgo et se sent peu à peu enveloppée par son énergie douce et rassurante. Elle entre tout doucement en fusion avec l'esprit de l'arbre. Car, selon elle, il est doté d'un esprit comme toutes les autres formes de vie.

C'est pour elle sa source d'inspiration la plus efficace, sa façon la plus sûre de recevoir et d'interpréter les messages de l'Invisible.

En cet instant précis, elle cherche à se connecter *via* l'énergie du biloba à l'âme du footballeur.

C'est ainsi qu'elle devient arbre à son tour, son corps s'identifiant à celui de l'arbre, et devenant racines, tronc, branches, feuilles, s'enracinant profondément et s'élevant haut.

Tout à coup, dans les plis de l'écorce émerge le visage d'un homme apaisé et plein de reconnaissance. Alors, elle se tourne vers l'est et psalmodie dans sa langue :

« Au revoir, aube céleste, jusqu'à demain, quand nous nous rencontrerons de nouveau dans la paix et les rayons lumineux de la prospérité. »

6

MON DÎNER CHEZ LA COMTESSE…

À peine rentré de ma journée d'entraînement au Camp des Loges, je me mets sous la douche puis enfile une chemise propre. J'ai rendez-vous avec la *Gräfin*[1].

Dans ma rue, sous une lumière mouvante, des arbres parés des teintes de l'automne, que je n'ai jamais remarqués jusqu'ici, sont nimbés de reflets d'or. De toute beauté.

Et pourtant, je me sens au bord des larmes, j'ai les nerfs à vif. À l'entraînement, aujourd'hui, le coach a été faussement gentil avec moi, du genre « tout va pour le mieux dans le meilleur des mondes ».

Désabusé, je passe devant la Maison Rose, petite auberge aux volets garnis de fleurettes, qui, au début du XXe siècle, avait été l'atelier de Maurice Utrillo. Depuis tout petit, je m'intéresse à la peinture et à la vie des peintres. Ils me procurent les émotions dont j'ai besoin.

En signant à Paris, j'avais pour cette raison tout de suite imposé mon désir d'habiter Montmartre. Et à peine arrivé dans la capitale mythique, j'avais exploré la Butte et son entrelacs de ruelles, tout excité à l'idée de retrouver la trace des plus grands maîtres.

---

1. Comtesse.

Je m'attarde devant l'auberge, songeur. Je m'interroge. À l'époque, l'artiste en avait eu marre d'être sollicité par les passants lorsqu'il peignait dehors, et il avait alors passé le plus clair de sa vie à travailler à l'intérieur. Le parallèle avec moi m'interpelle.

Les premières semaines, je sortais beaucoup. J'étais insouciant et j'aimais ça. Sur le pavé, des passants qui me reconnaissaient me manifestaient leur sympathie, et je me fendais à chaque fois d'un petit mot gentil ou d'un sourire. Et puis, très vite, c'est devenu infernal.

« Regarde là-bas ! C'est Skender Murati, le numéro 9 du PSG… » J'étais assailli dès que je mettais le nez dehors. Alors, je me suis claquemuré chez moi, prisonnier de ma notoriété et de moi-même.

Selon ses indications, elle habite au 9 rue de l'Abreuvoir, au troisième étage ! Neuf, est-ce un hasard ? Je dépasse la Maison Rose et me rends compte que c'est le numéro d'après.

Incroyable ! Je réalise qu'elle a déposé ses valises à deux immeubles du mien qui est situé à l'angle de la rue des Saules.

Je jette un œil amusé à la maison qu'elle s'est choisie et je remarque qu'elle a un aspect mystérieux. Tout comme elle. Chaque étage comprend un petit balcon de taille différente, ce qui contribue à donner à l'ensemble une forme biscornue.

Je tape le code et je monte un peu fébrile jusqu'au troisième par un escalier tout cabossé, recouvert de petites dalles en terre cuite. Tout cela me semble irréel. Qu'est-elle venue faire à Paris ?

Je me persuade que, lorsque j'ai quitté Munich après le mercato, je lui ai dit la vérité. Ne l'avais-je pas invitée dans le meilleur restaurant de la ville pour lui annoncer que je partais, mais aussi que je la quittais pour de bon ?

— *Eure Hoheit*[1], quel plaisir de vous revoir ! Ingrid m'attend sur le palier. Au premier coup d'œil, j'ai une sensation de déjà-vu.

1. Votre Altesse.

Je repense à notre première rencontre lors d'une soirée donnée il y a cinq ans par son oncle dans un somptueux château de Bavière pour célébrer son vingtième anniversaire de mariage. Le ciel m'était tombé sur la tête, j'avais été foudroyé sur-le-champ par cette créature de rêve. La pulpeuse Ingrid m'apporterait l'érotisme raffiné que j'estimais indispensable à mon existence. C'est du moins ce que j'avais pensé.

— Ma *Gräfin* préférée !

Il s'agit d'un code entre nous. Je ne suis évidemment qu'une altesse de pacotille, mais concernant Ingrid, c'est tout sauf du toc. Elle est la comtesse von Brisbach, lointaine descendante des rois de Bavière, et l'héritière de l'une des plus grosses fortunes d'Allemagne. Ses confortables revenus sans travailler lui assurent une liberté certaine, c'est peu de le dire.

Honnête avec elle, tu parles… Inutile de nier, la voir venir vers moi de son inimitable démarche ondulante, la poitrine pleine, une cambrure rehaussée par des escarpins d'une hauteur vertigineuse, me plonge de nouveau dans une intense confusion.

Je lui adresse un sourire teinté de galanterie avant de la prendre dans mes bras comme si nous ne nous étions jamais quittés. Elle est divine dans son tailleur en soie, ses cheveux blonds cascadant sur les épaules.

— *Wie geht's, mein Schatzy*[1] ? lance-t-elle en m'effleurant d'un baiser presque chaste.

Bras dessus, bras dessous, la sublime Ingrid et moi faisons un rapide tour des lieux, du grand living à la bibliothèque en passant par sa chambre avec une immense fenêtre donnant plein sud et dominant Paris. Je m'y colle un instant. Quand je découvre, avec stupeur, l'arrière de mon immeuble ; une proximité qui sonne comme une menace imminente pour ma liberté. Je me reprends et garde mon sang-froid, ne laissant rien paraître de mon émotion.

1. Comment ça va, mon chéri ?

— Prends place, mon cœur !

Ingrid a dressé une table au cœur de la cuisine, où un long plan de travail en bois patiné occupe un pan de mur, couvert d'une impressionnante batterie de casseroles en cuivre. Ma comtesse bavaroise adore mijoter des petits plats et régaler ses amis.

— Tu aimes la cuisine indonésienne ?

— Oui.

Elle affiche un sourire tranquille.

— Je reviens de Bali et, tu me connais, dès que je visite un pays, il me faut tout connaître de son art culinaire. Tu seras mon goûteur en quelque sorte.

L'odeur des épices flotte dans l'air, mêlée à celle de bâtonnets d'encens. Une musique aigre-douce, en sourdine, ajoute à l'atmosphère.

À une vitesse record, d'innombrables plats déferlent sur la table, entre beignets de banane, poulet au piment, porcelet rôti, pigeon en croûte et viandes marinées dans des sauces à vous arracher le palais.

Un dîner particulièrement copieux et tout à fait succulent. Elle veut que j'arrête prématurément ma carrière ou quoi ? Je m'imagine à l'entraînement demain, encore plus lourd que d'habitude. Mais que c'est bon ! Elle a vraiment l'art et la manière.

Ingrid, majestueuse, se lève régulièrement pour assurer le service et remplir mon verre. Avec tout ce piment, le Schwartz Kat rosé de Moselle semble fade et sucré. Je le bois comme du petit-lait.

— Tout va bien, *Lieber* ? me demande-t-elle d'une voix douce.

— Aussi bien que possible.

— Tu vois, j'ai tenu ma promesse. Ainsi tu sauras combien on ne peut prendre soin que de celui dont on est amoureux. Voici ma surprise !

L'air provocant, elle me tend un paquet recouvert d'un papier ocre avec une rose collée dessus. Je le défais et découvre une superbe boîte en marbre noir, incrustée de nacre et de malachite.

— Tu aimes ? Je te l'ai rapportée de là-bas.

Impossible de ne pas être touché par ce geste délicat, d'autant plus que je collectionne ces petites boîtes. Elle le sait. Je me sens malgré tout comme un poisson dans un aquarium, pris au piège. Je la vois telle qu'elle est, manipulatrice. Et pourtant, quelque chose en elle me fascine. J'en oublie même de la questionner sur le pourquoi de sa présence soudaine à Paris, et sur ce qu'elle est censée me révéler.

Un instant, nos regards s'accrochent et ce que je lis dans celui d'Ingrid n'arrange rien. Soudain, elle baisse ses grands yeux verts, s'empare d'un beignet de banane, et le dévore à pleines dents. Comment peut-elle rester aussi mince si elle mange toujours ainsi ? Ensuite, elle s'étire, après avoir bu un dernier verre.

— Si on allait se reposer ?

Piège ou invite directe ?

— Je dois rentrer, il se fait tard. J'ai un match dans deux jours…

Mais l'atmosphère s'est brusquement chargée d'électricité.

Ayant approché son visage du mien, nos bouches s'écrasent l'une contre l'autre sans que j'aie le courage de m'y opposer. En deux temps trois mouvements, elle s'est levée, se débarrassant de ses chaussures, de son chemisier, puis de sa jupe, ne gardant que ses bas qui montent très haut sur ses cuisses, retenus par une bande élastique recouverte de dentelles. Trop tard, ma libido est en train de venir à bout de ma résistance !

— Je ne te plais pas ?

— Si tu ne me plaisais pas, je ne serais pas ici ! lui dis-je en flagrant délit de mensonge, l'alcool m'ayant fait perdre tout contrôle sur moi-même.

Elle se recule un peu et virevolte comme un mannequin sur un podium, dégageant un charme étrangement magnétique. Sa pirouette terminée, elle se laisse tomber sur le canapé de cuir noir, placé à proximité de la table. De son index, elle me fait signe de la rejoindre. Elle a un corps d'adolescente, avec des hanches minces, un ventre ferme et cette incroyable poitrine qui semble posée sur un torse presque frêle. Je ne pense plus à rien d'autre.

7

MAYIANI, AU CRÉPUSCULE…

Il a emprunté le chemin qui longe la crête et mène à une vaste lande au-dessus de la rivière. Il est assis en tailleur sur une natte, près d'un bouquet de saules. Ses cheveux ramenés en arrière, avec un catogan, forment un drôle de chignon qui lui fait une mini queue-de-cheval.

Le dernier rayon de soleil glisse derrière un peuplier géant abattu par une tempête et disparaît. Le jeune homme contemple un court instant le ciel, le voit passer en quelques minutes du jaune au pourpre puis au rose. Il boit lentement son thé, regardant les flammes danser devant lui, les braises se teinter de bleu et de jaune.

« Ce n'est pas le bois qui brûle directement. La chaleur expulse un gaz du bois qui, combiné à l'oxygène de l'air, s'enflamme », lui avait expliqué son père, un jour où ils s'imprégnaient des staccatos de la brousse pour en discerner les sons.

Il lui a appris tant de choses, des choses dont il n'aurait jamais été question dans les quelques rares cours qu'il a suivis en histoire, littérature, art ou musique. Des choses essentielles concernant la nature, des choses que l'on ne trouve pas dans les manuels scolaires.

Chaque oiseau, chaque fleur, chaque plante, chaque insecte ont été intégrés dans la moindre de ses cellules grâce à ses observations tout en patience et en allégresse.

Depuis son retour de Paris, un cauchemar hante ses nuits : la voiture de Skender gronde et double un vieux pick-up. Un énorme semi-remorque arrive en sens inverse. Le choc frontal est inévitable. Lui, Mayiani, parvient à s'introduire dans l'habitacle et pèse de tout son poids sur l'accélérateur du bolide. D'un brusque coup de volant, Skender réussit alors à se rabattre *in extremis*, en une magnifique queue-de-poisson. À temps pour éviter la collision.

Une chouette lance son cri plaintif dont l'écho se répercute en longs ululements chevrotants. La nuit est tombée. Il éprouve un merveilleux sentiment de détente complète.

Comme sa sœur, il a appris tout petit à ne faire qu'un avec la grâce et la sagesse du Grand Esprit. Il a appris à se transformer en paratonnerre pour canaliser la puissance de l'univers, tout en sachant qu'elle réside déjà en lui. Pour lui, tout n'est qu'Esprit, autour de lui, à travers lui et chez toute personne dont il favorise la guérison.

En s'emparant d'une calebasse, sa toge rouge glisse, découvrant le tee-shirt bleu ciel qu'il porte dessous. Y figure une inscription en anglais : « UNIFIES 9[1] ».

Il se met à secouer énergiquement le récipient oblong, postillonne dans toutes les directions en murmurant une incantation, avant de renverser dans sa main droite une multitude de pierres rondes et lisses de la taille d'une bille. Puis il les répartit en tas et demeure concentré sur chacune d'elles, en arrêt, durant de longues minutes. Avec des gestes empreints de sacré, il réitère neuf fois l'opération.

L'encre du ciel s'est piquetée d'une infinité d'étoiles très brillantes, et le jeune homme flotte entre conscience et inconscience. Comme si son cerveau s'était hérissé de millions

1. Le 9 unifie !

d'antennes, il reçoit l'image fugace de lui-même transformé en gardien de but, repoussant le ballon lancé en piqué d'un avant-centre de génie. Entre éveil et sommeil, alors qu'il se couche devant la cage, il transperce Skender de son regard pour l'inviter à réveiller sa conscience.

8

Stade Vélodrome, Marseille, samedi 21 octobre...

Des milliers de drapeaux, bannières et écharpes bleu ciel, aux couleurs du club, s'agitent sous les vivats. Après un petit pont sur le défenseur, à la limite de la surface, côté gauche, je tente ma chance du droit, mais mon tir passe à côté dans le petit filet.

L'ambiance est électrique dans cet affrontement avec l'ennemi héréditaire, l'Olympique de Marseille. Ne pas perdre ce match !

Dans le stade refait à neuf, l'écho de la folie ambiante se répercute à l'infini. J'en ai la chair de poule. Les Marseillais aiment le foot et je les respecte. D'autant plus qu'ils ont déjà gagné cette fameuse coupe aux grandes oreilles, et pas le PSG !

Je multiplie les initiatives, seule façon pour moi de m'affirmer et de me faire respecter, mais j'ai l'impression que plus ça va et plus je me regarde jouer alors qu'à la base je suis un instinctif. À ce rythme, je ne suis pas près de faire trembler les filets adverses.

C'est d'ailleurs ce que m'a reproché le coach à la mi-temps. Il a parlé de mon jeu brillamment individualiste. Tu parles ! Qu'est-ce qu'il y connaît en football ? Pourquoi a-t-il changé de dispositif tactique ? Voilà la vraie question.

Pourquoi être passé d'un 4-3-3 à un 4-2-3-1, avec moi seul en pointe, et Angel placé juste derrière, ce qui fait que je me retrouve dans l'ombre ?

Je suis certes un buteur, un numéro 9, mais j'ai besoin de liberté, d'aller où je veux et quand je veux.

Je traverse tout le terrain à coups de une-deux et d'accélérations, et veux dribbler le gardien de l'OM, mais il dévie le ballon du bout des gants.

Pas le temps de tergiverser, ça va à cent à l'heure. La balle est repartie de l'autre côté, et le numéro 9 marseillais, lui, parvient à mettre dans le vent notre gardien d'un crochet extérieur avant de conclure du droit dans le but vide.

Je n'y crois pas. Le vélodrome est en feu. Les chants des supporters redoublent, et maintenant, dès que j'ai le ballon, on me conspue allègrement.

Du coup, je me sens galvanisé. C'est comme si ce but m'avait ressuscité. Je me jette à l'attaque pour égaliser, et donne de la voix auprès de mes coéquipiers.

La minute suivante, je reprends de volée des seize mètres et… du droit, moi, le gaucher ! J'en ris parce que ce coup était fantastique, même si le ballon a frappé la barre transversale. Je ne suis pas loin de trouver la faille.

Finalement, c'est mon pote Marco qui profite d'une mauvaise relance de Mélotran et place une frappe surpuissante au ras du poteau droit. Le gardien de l'OM ne peut qu'effleurer le cuir. Je cours vers lui comme un fou et nous tombons dans les bras l'un de l'autre.

— J'ai égalisé, à toi maintenant, numéro 9 ! On va l'emporter ce match, me glisse-t-il, euphorique.

Marquer, l'emporter… Inéluctablement, je recommence à cogiter et je n'aime pas ça. Les autres, comme s'ils le sentaient, sont en train de me pousser à bout. J'ai quatre joueurs sur moi à chaque fois que j'ai le ballon, sans compter que je prends des coups de pied, des coups de tête, des tacles sauvages.

Je suis bien décidé à ne pas leur laisser le plaisir de me voir craquer. Ma frappe à bout portant dans un angle très fermé oblige Stan Mélotran à intervenir. Deux minutes plus tard, je suis tout seul dans la surface marseillaise et je trouve le poteau. Deux opportunités en or, encore ratées.

« *Il n'y a qu'un seul Skender ! Et Skender, c'est toi ! mein Schatzy.* » Au lieu de me sentir galvanisé par cette adorable attention formulée sur l'oreiller l'autre jour par Ingrid, et de repartir au combat, gonflé à bloc, je laisse le souvenir de nos retrouvailles s'insinuer perfidement dans mon esprit.

Lentas a récupéré un bon ballon, il me fait la passe, je dribble un adversaire, puis deux, mystifie toute la défense et me retrouve une fois encore seul face au gardien marseillais. Il se couche, je pique le ballon, mais pas assez ! Il réussit à le dévier.

En général, ça me transfigure, mais là, c'est bizarre, lorsqu'il m'a regardé, j'ai réalisé qu'il était noir. Oui, et alors ? Alors, j'ai instantanément repensé à ce jeune homme, noir lui aussi, croisé mercredi dans ma loge. Ça a suffi à me faire sortir de ma concentration. « *Savourez chaque journée comme si elle était unique !* » Il parlait bien. « *Le monde est beau. Rien n'est définitif...* »

C'est au tour des Phocéens de tout donner pour aller chercher le but de la victoire, poussés par un stade survolté. Je suis pris de crampes et j'assiste impuissant à la fin de match. Que dis-je ? À notre nouvelle défaite. La frappe d'Alexandro vient de faire mouche pour la seconde fois !

9

Ma troisième mi-temps…

Il est trois heures du matin. L'avion n'a pas eu de retard. Après un match, je ressens toujours le besoin de me détendre, surtout si j'ai perdu. Je ressasse et je n'arrive pas à trouver le sommeil. Si j'avais fait ci, si j'avais fait ça !

Je craque une dernière allumette pour allumer une énième bougie. C'est tellement plus intime et chaud qu'une lampe, même tamisée.

Dilé, ma cousine, fait le service et me sourit. Elle a les cheveux passés au henné qui la font ressembler à une vraie rousse. Je l'aime bien, jamais un mot plus haut que l'autre. Une vraie petite fée. J'ai une totale confiance en elle, et en plus elle fait partie de la famille. Quelle bonne idée j'ai eue de dire oui quand ma mère m'a suggéré de la prendre à mon service il y a deux ans. Malgré ses dix-huit printemps, elle s'était magnifiquement chargée de la bonne tenue de ma maison à Munich, alors, quand il s'est agi de la faire venir ici, je n'ai pas hésité.

— C'est qui ? demande Leila, la somptueuse jeune femme avec qui je passe la soirée, en levant la tête vers le portrait d'un homme d'armes accroché dans mon dos sur toute la largeur du mur.

Son anglais est approximatif, mais elle a le mérite de comprendre le mien. Et je ne l'ai pas invitée pour qu'elle me fasse la conversation !

— C'est moi !

— Toi ? Mais elle est où la ressemblance ?

— Tu n'as jamais entendu parler de Skenderbek, notre plus grand héros ? Il a lutté pendant vingt-cinq ans, jusqu'à sa mort en 1468, contre le sultan turc qui cherchait à dominer le Kosovo. Je me sens beaucoup d'affinités avec lui. C'est pour recevoir son énergie qu'on m'a attribué son nom.

Pourquoi je lui dis tout ça ? Elle n'en a rien à cirer…

— Et ça, enchaîne-t-elle, de plus en plus incrédule, en pointant du doigt une immense statue de deux mètres de haut, représentant une femme brandissant une épée ?

— Ne la touche pas, c'est Teuta, notre prestigieuse reine de la mythologie albanaise. Elle me protège de tout, et je lui parle avant chaque match ou avant de prendre une décision importante. Elle est bien plus sacrée que toi !

— Tu veux dire que je vaux moins que cette poupée inanimée ?

« *Fais gaffe à ce que tu dis, elle va se ruer sur toi et t'arracher les yeux. Ce n'est quand même pas pour ça que tu as fait venir cette call-girl !* » Leila me donne l'opportunité de mettre à distance la *Gräfin* qui m'a laissé plusieurs messages hier soir sans que je daigne la rappeler.

Leila coupe net mes élucubrations. Elle vient de poser ses yeux de feu sur moi, tandis que sa bouche appétissante comme un fruit tropical esquisse une moue charmante à mon égard. Je lui sers une nouvelle coupe de champagne merveilleusement glacé. Elle la boit d'un trait. Sa robe de toile blanche est assez ouverte pour que je puisse apercevoir deux seins superbes. Elle a fermé si peu de boutons que je savoure le spectacle de ses cuisses charnues.

Je me lève et viens à la rencontre de la jeune femme. Elle ne proteste pas lorsque j'écarte les pans de sa robe. Dessous, elle ne porte que des jarretelles fuchsia et ses bas.

Je ferme les yeux tandis que je la caresse. Le nylon crisse sous mes doigts, c'est divin. Nous nous retrouvons bientôt enlacés sur l'épaisse moquette. Le vieux miroir au-dessus de la cheminée me renvoie une image d'une intensité érotique telle que je renonce à des préliminaires plus longs…

Je suis plongé dans un rêve voluptueux, allongé sur une plage… quand je m'éveille en sursaut. J'étends le bras, allume et regarde ma montre, cinq heures. Je n'ai dormi qu'une heure.

Je ne me sens pas au top. Le sang bat si fort dans mes tempes que je n'entends plus rien. Je demeure un instant le dos appuyé au mur, puis me glisse hors du lit et file dans la salle de bains pour m'asperger d'eau froide.

Ça me fait du bien. Je reste de longues minutes penché sur le lavabo à contempler mon visage défait dans la glace. À la lueur d'une bougie restée allumée sur la tablette, je scrute mes yeux d'un air songeur, mais, à la place, ce sont les yeux du jeune garçon noir de l'autre jour qui me fixent, interrogatifs. Encore lui, toujours lui, pourquoi lui ?

Je me détourne de cette vision irréelle et j'enfile un tee-shirt posé sur une chaise. Comme un automate, je marche jusqu'au salon et me rue sur une bouteille d'eau qui traîne, j'ai très soif !

Je bois une grande rasade au goulot avec l'avidité d'un naufragé. Un élancement dans le ventre m'arrache un râle de douleur et je décide d'aller prendre l'air sur le balcon du deuxième étage. Ayant revêtu au passage un manteau épais, je me traîne jusqu'à l'ascenseur et appuie sur le bouton.

Un peu d'exercice me fait oublier la douleur, mais pas mes ruminations. Sur ma terrasse recouverte de plantes vertes, je contemple en silence la lumière mouvante de la grande cité, qui explose de mille éclats. Il fait frais et j'ai des difficultés à respirer normalement.

« *Appelle Paul, appelle-le maintenant, c'est important !* » Le déranger pour ça en pleine nuit me paraît déplacé. En même temps, je suis sûr que le simple fait de lui parler de mon problème me fera du bien. Et puis, il est célibataire, il comprendra.

Je regagne précipitamment le salon du dessus pour m'emparer du téléphone fixe et compose le numéro du responsable de ma loge VIP. À la première sonnerie, je suis tout surpris d'entendre la voix de Paul dans le combiné, et ma première idée est de raccrocher. Que va-t-il penser ? Mais son timbre est tellement clair et rassurant malgré l'heure indue que je me jette à l'eau.

— Bonsoir Paul, ou plutôt bonjour ! Euh ! Je ne te dérange pas ?

— Ah ! Skender, ça va ?

— Oui, oui. Pas de souci. J'ai juste un service urgent à te demander. Tu ne m'en veux pas de t'appeler si tard, enfin je veux dire si tôt ?

— Je suis ton homme à n'importe quelle heure du jour et de la nuit, tu le sais bien.

Là, il exagère un peu. Son léger côté condescendant m'enlève d'un coup toute culpabilité. Il faut dire qu'il est grassement payé pour ce job.

— Voilà. J'ai besoin que tu me retrouves l'identité et les coordonnées d'un ado qui était mercredi dernier accompagné d'un homme d'âge mûr dans ma loge pendant le match contre la Juve.

— Pas de problème. Nous sommes dimanche, mais je m'en occupe à la première heure. J'irai au bureau, et dès que j'ai l'info, je t'appelle aussitôt, ça te va ?

— Super ! Tu es génial. À propos, j'y pense. Ils sont noirs tous les deux…

10

À l'ambassade de Tanzanie…

— Je suis désolé, monsieur Murati, mais Son Excellence n'en a plus pour longtemps. Monsieur l'ambassadeur vous prie de bien vouloir l'excuser. Désirez-vous une autre tasse de thé ?

Je lève les yeux vers un homme d'une quarantaine d'années qui me fait des courbettes. Son visage, pétri d'honnêteté et de bons sentiments, exprime une sincère inquiétude. Je pourrais peut-être le prendre chez moi pour seconder Dilé, il serait parfait en homme à tout faire exemplaire.

— Merci, vous êtes gentil, ça ira comme ça, dis-je en réprimant un sourire.

Heureusement que je maîtrise l'anglais. Un coup d'œil à ma montre. 17 h 35. Qu'est-ce que je fous ici, assis sur cette chaise de moine ?

Dire que j'ai prétendu avoir de violentes douleurs à la cuisse droite pour écourter ma séance d'entraînement et venir en trombe jusqu'au Trocadéro, à l'ambassade de Tanzanie située à deux pas de l'esplanade. Avant-hier, je ne savais même pas qu'un tel pays existait.

Pourtant, quand Paul m'a rappelé pour me donner tous les détails, je me suis bizarrement senti bien, comme libéré d'un poids :

— L'adulte, c'est Takuna Olole Simel, ambassadeur de la République-Unie de Tanzanie, un pays d'Afrique de l'Est. Il a été nommé il y a quelques mois à Paris. Le jeune homme qui l'accompagnait, c'est son fils. Il s'appelle Mayiani. J'ai le numéro de portable du père si tu veux…

Si bien que je l'avais composé dans la foulée. Sa voix était enjouée, chaleureuse mais sans aucune familiarité. Je me suis tout de suite senti à l'aise.

— Sir, si vous voulez bien me suivre. Monsieur l'ambassadeur va vous recevoir.

Je le suis, le plancher craque sous mes pas, et pourtant je ne me suis jamais senti aussi léger. Puis, il ouvre le battant d'une porte en ébène, du moins ça y ressemble, hérissée d'énormes cônes de cuivre.

Il s'efface en me faisant un sourire rassurant pour me laisser entrer. À peine le seuil franchi, un homme au physique élancé accourt vers moi en me serrant joyeusement la main.

Je remarque aussitôt son regard pétillant. Il a des yeux malicieux qui paraissent d'autant plus grands qu'il a les cheveux rasés.

— Bienvenue, cher Skender, vous me faites un très grand honneur, me lance-t-il en anglais de sa voix chaude comme si l'on se connaissait depuis toujours.

— Bonjour, monsieur l'ambassadeur, c'est moi qui vous remercie de me recevoir.

Son élégance me fascine. Il porte un costume sombre de shantung avec, à l'avant de sa veste, une pochette blanche. Impossible de lui donner un âge tant il fait à la fois jeune et mûr.

— Je vois que cette porte vous intrigue. Ces cônes symbolisent des clous de girofle. Les portes de toutes les vieilles maisons de Zanzibar en sont pourvues. Comme vous le savez sans doute, le nom même de Tanzanie est apparu en 1961, à l'indépendance.

Il illustre tout simplement l'union au sein d'un même pays du Tanganyika et de l'île de Zanzibar. La Tanzanie est aujourd'hui le premier exportateur mondial de clous de girofle. Mais pardonnez-moi pour ce cours de géographie tout à fait indigeste. Je sais que votre temps est précieux. Prenez place !

La lumière intérieure est tamisée par le faisceau retenu d'une lampe à halogène située sur une étagère latérale.

L'ambassadeur s'est installé derrière son bureau acier et bois, tandis que je me suis assis en face de lui dans un confortable fauteuil club en cuir noir.

— Je ne vais pas vous passer de la pommade et vous dire que vous êtes le footballeur le plus fabuleux de tous les temps. Je n'y connais rien en football, par contre je sais pourquoi vous êtes là, ce que vous ressentez.

Je l'aime bien, ce type. Il est franc et n'y va pas par quatre chemins. Je l'observe en train de frotter les paumes de ses longues mains. Je le laisse poursuivre en lui adressant un sourire.

— Connaissez-vous les Maasaï ?

— Non, enfin oui ! De nom… Ça me revient, des guerriers épris de liberté qui vivent au Kenya avec les lions et les éléphants. Je les ai vus il n'y a pas longtemps dans un très beau film dont l'action se déroule en Afrique au début du XXe siècle.

— *Right !* Vous voulez parler de *Out of Africa* de Sydney Pollack, je suppose ?

— Oui ! C'est cela, avec Robert Redford et Meryl Streep, deux acteurs fabuleux.

Je le regarde intensément, pas un seul de ses muscles ne tressaille.

— Je serai bref, si vous le permettez. Les Maasaï sont des pasteurs semi-nomades, dont le territoire a été scindé par la colonisation entre le Kenya et la Tanzanie. Je vous ferai grâce de tous les clichés avec lesquels on les dépeint depuis des siècles à des fins de domination et d'exploitation. En revanche, je veux vous dire un mot à propos de quelque chose qui pourrait vous être directement utile, ce pour quoi vous êtes là.

Je me retiens de sourire. L'homme aux mille et une courbettes de tout à l'heure, qui arrive d'on ne sait où, vient d'entrer muni d'un plateau avec deux tasses fumantes, qu'il dépose avec précaution sur le bureau avant de s'en aller comme il est venu. Sans dire un mot, mon interlocuteur se lève pour me tendre l'une d'elles. Puis il se rassoit, marque un temps d'arrêt et s'adresse à moi sur le ton de la confidence :

— Mon cher Skender ! Volant où bon leur semble, les oiseaux ne se posent-ils pas toujours où ils doivent ?

— Je ne sais que répondre ? Sûrement ! Oui !... J'en reste bouche bée. Il marque une pause comme s'il jaugeait mon ressenti, puis il énonce comme une évidence :

— Il n'y a pas de monde objectif en soi, seulement un univers formé de champs d'énergie. L'important est donc de capter la vibration à tout instant, se connecter à elle et, dans ce but, risquer de se perdre sur un chemin que l'on ne connaît pas encore. Vous me suivez ?

J'ai l'impression d'être dans la peau d'un tout petit garçon. Quant à lui, sa prestance et sa façon de parler lui donnent l'air d'appartenir à un autre monde, comme si, venu d'un lointain passé, il avait été catapulté dans le présent.

— Oui, bien sûr... Je vous écoute avec beaucoup d'attention.

À vrai dire, je tombe des nues, un ambassadeur, parler ainsi ! C'est totalement inouï.

— Prenez ce tableau derrière moi. Qu'y voyez-vous ?

En effet, je l'ai remarqué en entrant dans la pièce. En même temps, c'est difficile de le manquer, on ne voit que lui. Il doit faire un mètre sur un mètre, reléguant de fait le portrait du président de la Tanzanie tout en haut du pan de mur.

— J'y vois un troupeau d'éléphants, leurs grandes oreilles déployées, ce qui n'est pas bon signe. Quoi d'autre, quoi d'autre ? Euh !... Ah ! Oui, ils ont la teinte grise du ciel, ce qui rajoute une touche supplémentaire à l'atmosphère pleine de mystère.

— *Indeed !* Vous avez raison en un sens, ce sont bien des éléphants d'Afrique. Mais ne remarquez-vous rien d'autre sur cette toile ?

— Si, sur le côté, presque en marge, une tache rouge... Des gens probablement, sous un arbre. Ne serait-ce pas des Maasaï ?

— Il s'agit bien de Maasaï. Voyez combien il émane d'eux une force tranquille, alors même que les éléphants, qui passent tout près d'eux, pourraient représenter une menace.

Je contemple le tableau, soudainement empli de joie profonde.

— Dès leur plus jeune âge, les Maasaï apprennent à affronter le danger pour vaincre leurs peurs.

Il se lève et se tourne vers moi avec son regard plein de bonté tout en pointant du doigt l'arbre sous lequel les Maasaï sont représentés.

— Pourquoi les avoir placés sous un arbre selon vous ? Est-ce que cet arbre est susceptible de les protéger ?

Je tente de jeter un œil neuf à la toile.

— À part les rubans luminescents de mousse ivoirine que les branches supérieures semblent traîner dans le vent, je ne vois pas.

— L'arbre leur apporte l'ombre, ce qui n'est déjà pas si mal, mais le tableau s'intitule *Crépuscule*, alors ? Alors, c'est parce qu'ils ont la connaissance subtile des choses. Les Maasaï vivent depuis des temps immémoriaux en osmose parfaite avec une faune sauvage en abondance, qu'ils respectent et qu'ils aiment profondément. Par ailleurs, ils n'ignorent pas que l'arbre transforme les rayons du soleil en vibration cosmique ; le soir venu, cette énergie est redéposée dans les forêts pour nourrir leur âme. Ils savent par conséquent qu'en se mettant sous la protection vibratoire de l'arbre, ils n'auront pas de sensation de crainte, de douleur et de chagrin, qui autrement les paralyseraient et ne leur apporteraient que ruine et désolation. Peu avant le coucher du soleil, au moment où les animaux sortent de toutes parts et investissent la savane, ils peuvent ainsi observer à loisir et sans peur la faune sauvage qu'ils aiment tant. Qu'en pensez-vous, mon cher Skender ?

Il parle sans artifices, bien loin des habiletés trompeuses, et ses yeux sombres scrutent mon être.

— Euh ! Bien !... À vrai dire... Je bredouille, tentant en vain de relancer mon cerveau analytique.

Nullement déconcentré par mon atermoiement, l'ambassadeur poursuit sur le même ton, paisible et enjoué :

— Savez-vous qui a peint cette toile ? Une Française, une certaine Emma Sampil, dont j'ai fait la connaissance peu après mon arrivée dans la capitale française lors d'un vernissage. J'ai eu comme un éblouissement au contact de ses œuvres tant elle avait compris l'âme maasaï. Et pourtant, elle n'a jamais mis les pieds là-bas !

J'acquiesce sans mot dire. Dans quel monde étrange suis-je tombé ? En tout cas, je me sens bien, très bien même, et ce n'est déjà pas si mal. Lui se cale de nouveau dans son fauteuil comme pour retrouver le fil de ses pensées. Puis, il se penche vers moi en m'adressant un clin d'œil.

— Vous avez tout en vous et vous ne vous en rendez même plus compte car vous êtes sans cesse sollicité. Prenez garde, cela pourrait vous apporter la confusion et vous rendre malade.

Je lui fais un très vague signe d'assentiment car je me suis tellement laissé remplir de paix et de plénitude que je plane complètement. « *Skender, réveille-toi bon sang ! Il te faut recouvrer tes esprits. Tu t'es tout bonnement laissé endormir par ses belles paroles, mais pour autant tu n'as toujours pas de réponse à la question principale. Pose-la, tu es venu pour ça !* »

— Monsieur l'ambassadeur, je vous écoute avec un grand intérêt depuis tout à l'heure, mais, comme je vous l'ai dit au téléphone, je n'arrête pas de penser à votre fils et cela m'intrigue beaucoup. L'autre jour, lorsque je me suis retrouvé face au gardien noir de l'OM, pendant le Classico, c'est votre fils que j'ai vu dans ses yeux et non pas Stan Mélotran. Comment est-ce possible ?

— L'heure est venue pour moi, mon cher Numéro 9, de vous avouer un grand secret. Vous permettez que je vous appelle ainsi ?

Je hoche la tête, impatient.

— Ce n'est pas un hasard si vous êtes ici ce soir. Les Maasaï sont de grands experts de la vibration et de l'usage positif de l'onde de pensée. Or, il se trouve que je suis maasaï, et naturellement mon fils aussi, ainsi que ma femme et ma fille. Mais je suis également un *oloïboni kitok*, c'est-à-dire un « homme-médecine de très grande renommée ».

— Ah bon ! Je pensais que vous étiez ambassadeur !

— Oui, bien sûr, telle est aussi ma fonction, le résultat de l'éducation moderne que j'ai reçue à l'école puis à l'université. Mais, par ma naissance, je suis avant tout issu d'un clan tout à fait spécifique, dont la mission est de garder vivante la Tradition et d'en transmettre les clés au plus grand nombre. Hommes ou femmes, les *loïbon* sont à la fois devins et intermédiaires entre le Ciel et la Terre. C'est nous qui redonnons confiance à toute la tribu lorsqu'elle est en danger ou qu'elle doute d'elle-même. Mais cela vaut aussi pour les personnes individuelles qui en ont le plus besoin. Et vous êtes dans ce cas, n'est-ce pas ?

— Je ne suis pas un Maasaï ! me rengorgé-je, de plus en plus perplexe.

— Nous sommes au service de l'humanité tout entière, et lorsque nous ressentons un appel à l'aide sincère et vital de la part d'une personne en particulier, qu'elle soit maasaï ou non, nous intervenons. C'est ce qui a dû se passer entre mon fils et vous. Je suis enclin à penser qu'il pourra vous apporter beaucoup.

— Je ne suis pas sûr de vous comprendre.

— Il ne sert à rien de vouloir tout expliquer d'un seul coup. Ce sera à vous de découvrir les leçons de vie qui se cachent derrière vos interrogations. Après tout, ce n'est qu'en se sentant perdu que l'on commence à savoir qui nous sommes ! Mais pour l'heure, que puis-je faire pour vous, je veux dire très concrètement ?

— Très concrètement, j'aimerais rencontrer votre fils au plus vite. Un besoin impérieux dont je ne comprends pas bien l'origine.

— Il n'y a rien de plus facile. La seule chose, c'est que Mayiani n'habite pas Paris. Nous louons une maison à la campagne, en Touraine, dans un tout petit village qui s'appelle Le Pré-en-Joie. Il vit là-bas avec ma femme et ma fille. Je les y rejoins tous les vendredis.

Il se lève sans dire un mot, son téléphone portable à la main, et contourne le bureau. Il compose un numéro, porte le combiné à son oreille, chuchote deux ou trois phrases dans une langue incompréhensible, avant de me le tendre :

— Mon fils est en ligne !

— Bonjour ! Skender Murati à l'appareil…

11

DANS MA MIURA…

« *Retrouvons-nous demain, à 14 h 30, place de la Porte-de-Saint-Cloud, devant l'église Sainte-Jeanne-de-Chantal ! Venez avec votre coupé deux places Miura rouge !* » Pourquoi diable m'avoir fixé le rendez-vous en un lieu aussi excentré ? Et pourquoi avec ma Lamborghini ? D'ailleurs, comment sait-il que j'en ai une, qui plus est de cette couleur ?

Depuis mon entrevue avec son père, je ne m'étonne plus de rien. Je suis comme une pile électrique, j'ai du mal à respirer et des fourmillements engourdissent mes jambes depuis mon réveil.

Ma séance matinale d'entraînement a été un vrai cauchemar. Je me suis encore pris le chou avec le coach espagnol de Paris. Il m'a gribouillé sur une feuille un paquet de flèches en concluant sèchement : « Le 9 va là… Il est à la pointe de l'attaque, c'est un chasseur de buts, mais il revient aussi défendre si nécessaire à droite, etc., tu comprends ça ? Est-ce que tu saisis ? »

Résultat des courses, on m'a envoyé des balles pendant plus d'une heure, je les ai frappées sous tous les angles. Centres, passes, lobs, balles contrées par le mur défensif, et j'ai dû tirer au but encore et encore, une frappe succédant à une autre, sans avoir le droit de sortir de la « boîte[1] ». « C'est ta place, m'a-t-il

1. La zone des neuf mètres.

martelé. C'est là que tu es censé te trouver. » Et j'ai tapé, tapé… Sans relâche. Et je suis fier de ne pas avoir pété un câble.

Sauf que mes douleurs au ventre se sont réveillées avec violence ! Le cockpit de mon bolide me paraît soudain trop étroit. J'abaisse ma vitre pour laisser passer un filet d'air. J'aimerais bien appuyer à fond sur l'accélérateur pour oublier tout ça, mais la voix impersonnelle du GPS me ramène à la réalité : « Prenez la première à gauche, rue du Général-Delestraint, puis allez tout droit jusqu'à la place du Général-Stefanik ; tournez à gauche sur le boulevard Murat puis allez jusqu'à la place de la Porte-de-Saint-Cloud, vous êtes arrivé à destination. » Bla-bla-bla !!!

Je gare ma voiture devant une église sans charme sur l'emplacement réservé aux bus mais je n'en ai cure ; pour le moment, je ne gêne personne. Je coupe le contact. Pas de Mayiani à l'horizon !

Les jambes flageolantes, je me précipite dehors avec l'envie de vomir. L'air vif me fait du bien comme si je venais de recevoir une ration d'oxygène dont j'aurais trop longtemps été privé.

Les nuages défilent au-dessus de ma tête à une vitesse incroyable. Le grondement des voitures est assourdissant.

Mon cœur bat plus vite, je tourne la tête dans toutes les directions sans le voir dans un premier temps, puis comme s'il venait brusquement d'apparaître, je le repère sous l'Abribus. Ce n'est pas son corps d'éphèbe et d'athlète ni la tenue qu'il porte, chemise blanche, pantalon sportswear et mocassins, qui exerce d'emblée sur moi une véritable fascination, mais ses yeux grands ouverts dans une attitude contemplative. Il me fixe tout en reniflant l'air comme un lion. J'en suis pétrifié. Puis, comme dans un rêve, il me rejoint et me serre les épaules avec une douceur extrême. Inspirant une grande bouffée d'air, il me dit en anglais purement et simplement :

— Si on y allait !

Perdu dans mes pensées, je démarre comme un automate, le jeune homme à mes côtés. Je n'avais pas remarqué que le ciel était devenu tout bleu, plus un seul nuage.

— Où souhaites-tu que j'aille ?

— Traverse la Seine, s'il te plaît, prends le boulevard périphérique, me lâche-t-il de façon lapidaire comme s'il me narguait.

Je m'exécute. Après tout, qu'ai-je à perdre ?

— Prends à gauche, en direction de Nantes, Le Mans, Tours.

— OK, OK ! Je peux te poser une question ? Comment sais-tu que je possède une Lamborghini Miura rouge sang ? Tu l'as appris dans les magazines ?

— Non, je ne lis pas les magazines. J'ai fait un rêve, où tu doublais une autre voiture à bord de ce coupé deux places. Heureusement que je suis intervenu à temps car en face arrivait un gros camion…

C'est en effet quelque chose qui m'est arrivé dans la réalité, il y a peu de temps. J'ai eu une sacrée frousse. J'en ai encore la chair de poule. Le silence s'installe, je suis maintenant très mal à l'aise. J'aurais tant de questions à lui poser, mais je ne sais pas par quel bout commencer.

Tout à coup, il me stupéfie de nouveau :

— On ne dirait pas que tu conduis une Miura !

— Ah bon ! Pourquoi ?

— Tu avances à deux à l'heure, or cette voiture est censée disposer d'un moteur V12 de 3 929 cm^3 doté de quatre carburateurs Weber double corps, et développer une puissance de 350 chevaux. N'est-ce pas exact ?

— Si, si…

J'en reste sans réaction. Ce type est un véritable connaisseur.

— Cramponne-toi ! lui dis-je.

Le monstre rouge s'élance. Aux commandes, j'enchaîne les rapports : quatrième, cinquième, sixième... En moins de trente secondes, j'atteins et dépasse les deux cent trente kilomètres à l'heure. Je suis surexcité.

— La Miura tient son nom d'une robuste race de taureaux de combat espagnols. Le savais-tu ? En 1970, c'était la voiture la plus rapide du monde...

Mayiani ne bronche pas. Impassible. Un œil dans mon rétroviseur, un gyrophare clignote, la police ! J'ai l'habitude. Eux aussi sont de nos jours équipés de bolides, j'appuie sur le champignon. *Vroouuiiin.* Heureusement, la voie est peu encombrée : quand le compteur affiche deux cent quatre-vingt-dix kilomètres à l'heure, je ralentis à contrecœur, ça vibre de trop.

Plus de gyrophare dans mon dos. Je prends la première sortie pour planquer la voiture, le temps qu'ils mettent fin à leur course-poursuite faute de concurrent. Après un pont, un virage en épingle à cheveux. Je freine et me gare dans un renfoncement, idéal pour voir les voitures qui passent sans se faire repérer.

J'éclate de rire et me tourne vers mon passager. Il est resté stoïque.

— Pardonne-moi ! Je me suis laissé embarquer par mon instinct. J'avais besoin de faire le plein d'adrénaline. Tu ne regrettes pas d'être monté en voiture avec moi ?

— Quand tu es à fond dans ta conduite avec ce fauve prêt à bondir sous tes ordres, tu oublies tout, n'est-ce pas ? Plus tu as de sensations fortes, plus tu oublies, plus tu en redemandes. C'est un cercle vicieux.

— Oui, peut-être, mais je ne fais pas partie de tous ces malades qui ont des penchants addictifs. Je n'ai jamais pris de drogue, je ne fume pas, je ne suis pas accro aux jeux vidéo.

— D'accord ! Mais comment te sens-tu à présent ?

— Bien, super bien. À vrai dire, je commence à me sentir fatigué.

Il me gratifie d'un sourire merveilleux, comme celui d'une mère pour son enfant. Le temps est suspendu. Puis il enchaîne :

— « Lessivé » ne serait-il pas un adjectif plus approprié ? Ton visage a pris une teinte verdâtre. Tout va bien ?

— Je me sens comme engourdi. Et j'ai régulièrement des douleurs au ventre, comme là ; ça me prend souvent quand je ne suis plus absorbé par l'action.

La sueur me mouille le front, mes mains se crispent sur mon estomac.

— Voilà que ça recommence !

J'ai très mal, je me tords de douleur. Sans prononcer un mot, Mayiani se détache, me demande de baisser mon siège et d'enlever ma chemise. Je m'exécute sans rechigner, je souffre trop.

Il tend ses mains vers mon torse. Malgré mon état, j'observe qu'elles sont à la fois longues et larges, charnues et chaleureuses. Il ferme les yeux. Ses doigts se mettent en mouvement. Pareils à de petites antennes douées d'une acuité et d'une sensibilité extrêmes, ils glissent sur ma peau lisse. Leurs bouts effleurent tour à tour ma gorge, ma poitrine, mon cœur, mon estomac. Je me laisse faire.

L'attouchement est d'abord léger, à peine perceptible. Puis, à certains endroits, les antennes commencent à s'appesantir, s'informer, écouter… Je pousse brusquement un cri. Ses doigts viennent d'appuyer brutalement sur un point de mon ventre. Un point d'où ma douleur jaillit et irradie en vague de feu.

— Ne bouge pas, me dit-il doucement.

Sous la dure pression de sa main, un autre jet de souffrance brûle, ravage mes entrailles. Puis un autre et un autre encore. Je me mords les lèvres.

Je serre les dents. Mon front transpire abondamment. Après un temps qui me semble interminable, il retire ses mains, les pose sur ses genoux, et rouvre les yeux.

— À présent, je vois… C'est l'estomac, bien sûr, en liaison avec ton système nerveux sympathique. Il n'y a rien de plus douloureux que les crampes du sympathique… Et tes nerfs toujours tendus ne font qu'empirer ton état.

— Est-ce que tu pourras me soulager ?

Mes paroles sont sorties comme ça, spontanément, et à mon grand étonnement, je me rends compte que je viens de m'exprimer avec humilité, comme si je demandais secours.

Il lève les bras, comme il peut dans le réduit, étale ses mains, fait jouer les paumes et les phalanges, afin, je suppose, de les munir de toute l'élasticité et de toute la vigueur possibles, et se remet au travail. Il semble savoir maintenant où son effort doit s'appliquer. Il enfonce profondément ses doigts dans mon ventre, saisit avec rudesse un bout de peau, le serre, le pétrit, le noue, le dénoue, dans le dessein j'imagine d'atteindre les nerfs malades.

Maintenant que ce garçon d'à peine dix-huit ans est en passe de me guérir, du moins c'est ce que je pressens, je me rends compte que l'ostéopathe du centre d'entraînement n'a jamais fait qu'effleurer le problème et par conséquent n'a jamais pu me soulager le moins du monde. C'est insensé !

À chacun de ses mouvements, je sursaute avec un cri étouffé. Mais cette fois, la douleur n'est pas brute, aveugle, elle suit un trajet précis. Comme si elle avait un but. Après quelques manipulations, Mayiani enlève ses mains de mon ventre et les repose sur ses genoux. Son corps semble se détendre comme celui d'un boxeur entre deux assauts. Il me demande :

— Comment te sens-tu ?

— Est-ce que je rêve ? Est-ce que c'est possible ? Je n'ai plus mal… Plus mal du tout…

Je reprends mon souffle et, tout en effleurant mon ventre, avec le sentiment de toucher un trésor, je m'exclame :

— Aucun médicament ni personne n'a réussi jusqu'ici à me soulager. Et là, en quelques instants… Décidément, je n'y crois pas !

Je me redresse et, me tournant vers Mayiani, je m'écrie, plein d'espoir :

— Serais-tu capable d'arrêter durablement mes crampes ?

— Je le pense. Ce sont certains nerfs qui semblent atteints chez toi. Or, c'est sur les nerfs que mon traitement agit le mieux.

Je saisis ma chemise et la reboutonne tout en réfléchissant aux perspectives que cette guérison ne manquera pas de m'apporter. Mais le jeune homme douche aussitôt mon enthousiasme :

— Ce qui va te guérir vraiment, ce ne sont pas mes mains, c'est toi. Le remède, c'est toi, comprends-moi bien.

— Que veux-tu dire ?

Au bout d'un petit moment qui me paraît interminable, il s'éclaircit la voix et me répond comme une évidence :

— C'est toi et toi seul qui t'es mis dans cet état. Ou plutôt ton ego, ton mental. Cela s'est fait à ton insu naturellement. Maintenant, tu dois faire le chemin inverse, mais cette fois en conscience.

Je regarde le visage de mon magicien. Tout chez lui invite à la confiance. Ses yeux sont bons et sages. Et, je n'ai plus mal. Il sourit en me prenant la main.

— Nous autres, Maasaï, ne doutons pas qu'il existe une Force Intelligence, une Énergie Supérieure qui régit l'univers, la planète et les êtres vivants.

J'ai subitement l'impression de voir à travers lui son père, posé, calme et sûr de lui. Je n'interviens pas. Pour dire quoi d'ailleurs ? Je comprends juste la chance de l'avoir trouvé sur mon chemin.

— La sagesse maasaï repose sur un principe essentiel et universel pour réaliser le but de notre vie, celui d'*aingoru enkitoo*, c'est-à-dire « la recherche du bon ordre intérieur ». Ce principe sacré, lorsqu'il est appliqué, permet à lui seul de nous connecter à la Force Supérieure, *Enk'Aï*, qui régule tout Ce-Qui-Existe. Il suffit de faire silence plusieurs fois par jour pour découvrir la partie de nous qui nous est inconnue alors qu'elle est inter-reliée à tout ce qui existe.

Mayiani poursuit :

— Jusqu'ici, tu t'es cru seul au monde et tu as donc sondé seul ta propre force. Tu t'es senti le maître du monde. Aujourd'hui, tu fais face à tes propres limites. La seule chose à faire pour toi désormais est de te tenir tranquille, pour permettre à cette Force Supérieure de dissoudre à ta place le poids de tes peurs et de tes doutes. Ce faisant, même si cette attitude peut te paraître simpliste, il ne pourra plus rien t'arriver de fâcheux. Tu auras aboli les abstractions froides de ton mental ; tu seras devenu aussi léger qu'une plume. Nous avons un proverbe pour l'illustrer : *Erisio ilmaasaï o Enk'Aï !* (« L'homme est l'égal de la Déesse ! »), à savoir que si tu te conduis en être humain unifié, humble et solidaire, tu te sentiras en sécurité autant qu'avec la Déesse, car connecté au plus intime de ton cœur et de ton âme.

— C'est exactement ce que je ressens.

Je suis léger comme une plume. Et je pense soudain à mon match de mardi à Turin, au Juventus Stadium.

— Ne t'en fais pas pour ton match en Italie, me susurre-t-il, comme s'il avait lu dans mes pensées. Mets en pratique ce que je viens de te dire et tout se passera bien. Et n'oublie jamais de respirer par le ventre. Tu inspires et tu expires à neuf reprises. Ça suffira… Ah oui, j'oubliais. Je voulais te donner ceci…

Il fouilla dans la poche de son pantalon pour en extraire une sorte de bague ou plutôt un anneau fait de perles en pâte de verre d'un rouge très vif.

— Enfile-la à ton majeur de la main droite, s'il te plaît. C'est un encouragement en quelque sorte. Disons que je considère le premier stade de ta transformation comme franchi avec succès. Mais il te faudra beaucoup d'humilité pour penser à le mettre en pratique tous les jours. Sache aussi que tu auras à passer neuf étapes, au total, pour découvrir qui tu es et vivre en harmonie.

Je m'exécute tout en restant bouche bée. « Ce jeune homme n'est vraiment pas ordinaire », pensé-je avec un mélange d'incrédulité et d'admiration.

12

LE FRÈRE ET LA SŒUR, EN COMMUNION AVEC SKENDER…

Dans la cuisine, assis côte à côte sur deux chaises en bois toutes simples, Sélénoï et Mayiani boivent d'un trait le contenu de leurs mugs et s'en resservent un second.

En quelques pas légers, à moins que ce ne soient des battements d'ailes, une grande et jolie femme d'âge mûr en tailleur noir, les traits fins, les cheveux couverts d'une espèce de mantille de dentelle noire, vient de déposer sur le guéridon une théière pleine. Leur maman. Elle n'a pas prononcé une parole.

Une vertèbre de girafe, traditionnellement utilisée par les hommes-médecine maasaï pour renforcer la connexion de leurs patients à la Force de Vie, tient en équilibre sur leurs genoux. Le feu projette des reflets orangés dans toute la pièce, et cette lumière irréelle associée à la chaleur du foyer semble les avoir engourdis.

Dans leur immobilité, on les croirait sortis de leurs corps, dans des mondes invisibles. Pourtant, à y regarder de plus près, leurs yeux sont ouverts, étonnamment vivants et rieurs, orientés vers un point précis. Un immense écran plat de télévision est accroché au mur, à l'opposé de l'âtre. Le son étant coupé, si ce n'était leur regard résolument tourné vers le mur d'images, un étranger ne percevrait rien d'autre que le bel éclat chaud du foyer.

Le frère et la sœur sont littéralement fascinés par le spectacle proposé.

Sélénoï surtout, qui semble électrisée par le match de football en train de se jouer, en particulier par l'art et la vitesse du numéro 9 de Paris. À l'évidence, Skender est dans un grand jour. Depuis le début du match, il sème la pagaille dans le réseau défensif tressé devant le but de Ludovico Comencini.

À un moment, n'en pouvant plus, elle lâche comme pour elle-même :

— Il me fait penser à un lion affamé fonçant sur sa proie.

Seulement, si les Italiens chancèlent sous les rushes parisiens orchestrés par l'avant-centre du PSG, ils ont su profiter de l'euphorie de leurs adversaires pour lancer des contres meurtriers et mènent déjà deux buts à zéro. Alors que Skender trouve une nouvelle fois la transversale, l'arbitre de la rencontre siffle la mi-temps.

Ils restent une éternité assis dans la même position. Puis, Mayiani, posant une main sur l'épaule de sa sœur, lui parle avec des mots qui s'adressent à l'univers.

— Chez les Maasaï, nous avons un terme d'excellence : *entorros*, qui signifie pour un homme tout à la fois « droiture, valeur, virilité et féminin sacré ». Par sa combativité, par ses courses, sa détente, sa manière simple et directe de conduire le ballon, par ses accélérations, sa souplesse, ses attitudes de danseur d'opéra, par une invention de dribbles et de feintes de corps, et toutes sortes d'attitudes caressantes, Skender illustre cette perfection.

— Il ne manque plus que les buts ! lui glissa Sélénoï à voix basse comme pour ne pas paraître négative.

Le jeune homme, qui porte un drapé rouge, le remet en toge d'un mouvement agile. Puis, il fixe sur elle un regard lumineux et lui dit d'un timbre de voix vibrant et magnétique :

— La symphonie est inachevée. Le PSG va l'emporter 3-2, et le premier violon Skender marquera deux buts.

13

Juventus Stadium, Turin, mardi 31 octobre…

C'est la reprise. L'écho strident de mes crampons dans le tunnel du Juventus Stadium résonne comme un heureux présage. Je crois bien n'avoir jamais joué aussi bien de toute ma vie durant ces quarante-cinq premières minutes. Je me suis senti habité par une énergie d'une telle évidence, une force tranquille, sans pression. Léger comme une plume, j'ai regretté que la mi-temps soit sifflée.

Une image a jailli de mon esprit et me sert beaucoup : je dépose à la Banque de l'Univers mes valises pleines de doutes pour qu'Elle se charge de mon fardeau et le transforme en or. Comment m'est venue cette idée saugrenue de banque d'un genre particulier ?

L'éclat de mon rire se confond d'un coup avec la clameur du stade bondé. Je viens de pénétrer sur la pelouse.

Pendant le premier acte, cette foule a vibré de façon sublime, libérant son enthousiasme même lorsque j'arrivais à déséquilibrer la défense de ses favoris.

Je me dirige vers le rond central, et je m'aperçois que les joueurs italiens ne sont pas sereins, je le lis dans leurs yeux. Pourtant, ils mènent deux buts à rien. Que craignent-ils ?

Coup de sifflet de l'arbitre allemand Karl Block. C'est reparti pour quarante-cinq minutes. Je vais recommencer mon festival, je le sais, tant je me sens euphorique. Témoin, le ballon collé à mes pieds, j'en fais ce que je veux. Sensation paisible et grisante.

Les Turinois sont passés à trois défenseurs centraux, mais peu m'importe. J'ai maintenant en permanence trois chiens de garde accrochés à mes basques, Stam, Bellini et Baralli. Ils auront beau me mettre toute l'équipe sur le dos, j'ai la sensation incroyable que je passerai quand même.

Sur un contre, Angel me décale sur la gauche, j'élimine un adversaire puis repique au centre, mais Haas me barre la route. J'efface alors le dernier rempart en effectuant un double contact à la vitesse de l'éclair. La balle est déjà au fond. Quel but ! C'est allé tellement vite que je ne le réalise que lorsque j'étouffe sous l'entrelacs des corps de mes partenaires venus me congratuler.

L'instant est magique, renversant, c'est le cas de le dire. J'imagine tous les supporters chavirés de bonheur devant leurs postes. Mes équipiers me crient :

— Mumu, tu l'as fait, tu l'as fait ! comme si j'étais leur messie.

— Les gars, je ne suis pas un extraterrestre. Il faut que nous restions solidaires. Allez, on y retourne !

De vrais gamins, mais que j'aime les voir ainsi avec leurs mines réjouies ! Je suis euphorique et j'adore par-dessus tout le fait que mes coéquipiers jouent au diapason. Tous les Parisiens vibrent en même temps que moi. Sensation fabuleuse à vivre.

J'ai maintenant un défenseur, Claudio Haas, qui me suit comme mon ombre.

Ma petite voix me dit que je dois lui donner l'impression qu'il est en train de prendre un ascendant psychologique. Sûr de moi, je décide de ne pas insister et de me faire oublier quelque temps.

Nous sommes menés, mais il nous reste encore plus d'une demi-heure à jouer pour revenir à la marque et l'emporter. « *Et n'oublie jamais de respirer par le ventre !* » Je ris en repensant à la Banque de l'Univers et à mes valises… Je promène mon allure chaloupée et désinvolte. C'est parfait. Ils vont penser que je ne suis plus concerné par le jeu.

Dorénavant, nous passons l'essentiel de cette fin de rencontre dans leur moitié de terrain.

Sur la droite, Javier m'adresse un centre au premier poteau, je frôle le cadre d'une reprise décroisée. Le public vibre comme si nous jouions au Parc des Princes. Tout me semble irréel. Le PSG continue de dérouler.

Pratiquement au centre du terrain, je pars balle au pied et me joue de deux, trois, quatre Italiens pour buter contre Claudio. Malgré tout, j'arrive à servir Angel Paradiso dont le tir est dévié de la main par Patrick Stam. C'est le penalty indiscutable, immédiatement sifflé par l'arbitre.

Je cours vers l'Argentin pour lui proposer de s'en charger. Comencini est pris à contre-pied. Le score est de deux buts partout. Mais pas question d'en rester là. Ce but a plongé la défense de la Juve dans la panique la plus totale. Je me prépare à l'estocade.

Le temps est aboli, tout se déroule dans le ralenti et l'irréalité du rêve. Les dix joueurs italiens sont massés devant la cage adverse. Je danse au milieu de ces statues de sel, je touche à peine terre.

Sur le corner tiré de la droite par Marco et prolongé légèrement par le front de Christian, je me détends, dos au but, j'amortis le ballon du bout du pied droit, je cueille la balle comme on accueille une offrande, je jongle avec, l'empêche de toucher terre, me retourne pour le reprendre du gauche, et, jambes et corps en totale extension, j'achève mon envol.

Le célèbre gardien de la Juventus de Turin, Ludovico Comencini, tend les mains pour l'éternité, dans un geste d'impuissance dérisoire. En même temps que lui, je viens de mystifier tout un stade. Chose incroyable, le public ébahi se lève comme un seul homme et m'accompagne dans mes bonds de joie pure. Des milliers de gosiers scandent mon nom…

14

Au Ritz, place Vendôme à Paris…

J'écoute le premier mouvement de la *Symphonie fantastique* de Berlioz lorsque je pénètre sur l'élégante place Vendôme.

Mon mal viscéral au ventre n'est pas revenu ! Mais pour combien de temps ? De nouveau, un certain mal-être s'est sournoisement infiltré depuis que j'ai revu Ingrid avant-hier. Elle a pris froid dans les tribunes du Juventus Stadium, alors qu'elle était venue assister au match pour me soutenir, sans m'en avoir touché un mot. Et nous avons dû écourter notre soirée. À quoi bon continuer de la voir d'ailleurs si mes sentiments à son égard n'ont plus rien à voir avec l'amour ? Certes, je ne suis pas indifférent, mais c'est comme si elle me tenait en laisse. En même temps ses tendres attentions pour moi me font culpabiliser. Cycle infernal.

Je me sens de nouveau seul, vulnérable, ne sachant trop quoi faire. Tout cela me paraît confus. Je ne sais que penser. Que faut-il faire maintenant ? « *Ce que voudra la vie* », m'a-t-elle répondu lorsque nous nous sommes quittés.

Soudain, je me sens submergé par l'émotion, jusqu'aux larmes. En levant la tête, je suis gêné par l'image que me renvoie le rétroviseur. Le drame remonte à quinze ans mais la douleur est toujours aussi vive. Je suis rongé par la certitude irrationnelle que tout aurait été différent si je n'avais pas eu match ce jour-là. Pendant longtemps, j'avais cru m'en être définitivement sorti… jusqu'à mon transfert à Paris.

Il ne se passe pas un jour sans que je fasse mentalement des retours en arrière sur cette fameuse journée, où une bande de soudards avait fait irruption à la maison et massacré mon père sous mes yeux. Enfant, je n'aurais pas imaginé qu'il pût exister quelque chose de pire que sa propre mort. Mais, une fois cet épisode passé, j'ai compris que la plus dure des épreuves était d'assister à la disparition de ses proches. Oui, il y a bien pire que mourir.

Le ciel est déchiré d'éclairs et le tonnerre gronde. Au moment où la pluie redouble d'intensité, le pare-chocs de ma Miura s'arrête net derrière une Porsche. Je plisse les yeux.

De l'endroit où je suis, je ne distingue pas grand-chose, mais j'ai l'impression qu'ils parlementent. Un couple. Peut-être même qu'ils… s'embrassent ? J'hésite un moment. Puis, au bout de deux ou trois minutes, las d'être bloqué et furieux, je sors du véhicule et me dirige en courant vers le porche du Ritz.

Le portier m'a vu et vient à ma rencontre avec un parapluie. Le voiturier en livrée blanche se saisit au passage de mes clés. Une fois à l'abri, je fais un tour sur moi-même, regardant de tous les côtés, presque aveuglé par les flashs des photographes. Qu'est-ce que je fiche ici ?

Une jeune femme, dans une robe de cocktail en taffetas bleu nuit, me fait un sourire rassurant et me prend par la main. Nous nous frayons un passage parmi la foule de journalistes jusqu'à l'autre bout du grand hall illuminé. Elle me fait asseoir à une table de style Louis XV, garnie de micros, et me tend un grand verre d'eau. J'en bois la moitié d'un trait.

— Puis-je vous apporter autre chose ?

— Non, ça ira, merci.

J'aimerais tant filer à l'anglaise, mais ce serait incorrect de partir maintenant. J'en ai déjà par-dessus la tête de ces mondanités.

Un homme aux yeux quasiment fermés, se balançant d'avant en arrière, pétri d'énergie et de bonté, et qui pourrait incarner l'archétype du sage chinois, vient me tapoter affectueusement la main.

— Tout se passera bien, monsieur Murati, tout se passera bien.

— Merci, monsieur Lin.

Ce milliardaire de Taïwan, grand spécialiste de l'art du thé, amoureux de mon sport et surtout du beau jeu, m'avait fait parvenir peu avant mon départ de Munich un message magnifique :

« Grâce à vous, un vent nouveau souffle sur la discipline. Sur le terrain, vous êtes à la fois un inspirateur, un meneur et un dynamiteur. Je souhaiterais ardemment que vous donniez votre nom à l'un de nos thés verts. »

J'avais d'abord tiqué, et puis je m'étais laissé séduire par le côté décalé du personnage et de son projet.

J'éprouve le besoin de faire le vide en moi pour laisser décanter le brouhaha des conversations. J'observe les invités.

Une hôtesse dépose devant moi un plateau sur lequel trônent une théière en fonte minuscule et une boîte à thé en forme de ballon de football, avec écrit en lettres d'or : « Le thé vert Murati ! » Je mets quelques secondes à réaliser !

Après tout, c'est plus original que de vendre une énième marque de parfum. Et en plus, ça m'a redonné le sourire. Sur ma gauche, je remarque que l'on en a disposé un peu partout sur d'anciennes caisses de thé de Chine, dans un décor colonial au charme discret.

— Bonjour, monsieur Murati.

Je tourne la tête vers un homme assis à mes côtés. Je ne l'avais pas vu tant j'étais absorbé dans mes pensées. Il a un visage fermé parsemé de taches de son et ses yeux gris expriment une sincère inquiétude.

— Je suis votre traducteur.

— Très bien, dis-je, l'esprit ailleurs.

Puis, le silence. Je me souviens qu'il est prévu un discours. Ah oui ! Mon papier, qu'en ai-je fait ? Je me tâte discrètement, je le retrouve dans la poche intérieure de ma veste.

« *Allez, Skender ! Tu n'as plus qu'à lire ce que ce cher monsieur Lin t'a concocté. Et d'abord, respire un bon coup par le ventre. Ça fait un bout de temps que tu ne l'as pas fait...* »

Un petit mot à mon traducteur :

- Pour le moment, ça ira, je vais m'exprimer en français.

— Bien, monsieur.

Je me racle la gorge et je me lance :

— L'art d'être au monde, c'est l'art de la vie. L'art de la vie réside précisément dans un constant réajustement à notre environnement. Le taoïsme accepte la réalité prosaïque telle qu'elle est et tente de trouver la beauté au sein même de notre monde d'adversité et d'inquiétude... Celui qui se rend maître de l'art de la vie est l'Homme Véritable. À la naissance, il entre dans le royaume des songes et ne s'éveille à la réalité qu'à sa mort. Il tempère son propre éclat afin de se fondre dans l'obscurité des autres. Il est prudent comme quelqu'un traversant un ruisseau gelé ; alerte comme un guerrier en territoire ennemi ; courtois comme un invité ; fluide comme la glace fondante ; modelable comme une pièce de bois brut ; accueillant comme une vallée ; clair comme un verre d'eau... Les trois joyaux de la vie sont la Compassion, la Simplicité et la Modestie. En vous délectant du thé vert Murati, c'est tout cela qui prendra forme...

En débitant mon texte en français, je réalise que les gens sont touchés. L'émotion qui se dégage de ce salon cossu est devenue palpable. Je me laisse doucement imprégner par ces phrases, si belles et si vraies, même si je ne comprends pas tout. D'un autre âge ? Après tout, pourquoi un footballeur n'aurait pas le droit d'émouvoir autrement qu'avec un ballon aux pieds ?

J'ai l'impression de planer, de me sentir très loin de toute contingence, goûtant à quelque chose de très pur.

— Monsieur Murati, s'il vous plaît, monsieur Murati ?

Je redescends sur terre et aperçois un homme minuscule qui doit peser quarante kilos à peine. Il porte une curieuse veste à larges rayures. Je reconnais le journaliste sportif du magazine allemand *Der Spiegel*, Hans Dickel. Pour compléter le tout, il arbore son habituelle chemise rose avec son col à pointes en oreilles de cocker. Je ris sous cape, mais sans moquerie car je l'aime bien, ce cher Hans.

Je lui adresse un sourire enjôleur.

— Pardonnez ma distraction. Je vous écoute, Herr Dickel.

— Je souhaite bon vent à votre thé même si ce n'est pas mon breuvage favori. Mais permettez-moi de vous poser une question plus footballistique. Lorsque vous étiez l'avant-centre du Bayern de Munich, vous étiez un footballeur d'exception, une star. Après votre match de Turin, vous êtes devenu une « diva ». Contestez-vous ce nouveau statut ?

— Cela m'est bien égal, lui dis-je en allemand sans prendre le temps de réfléchir, encore tout imprégné de la teneur de mon discours. Vous savez, Herr Dickel, ce qui compte pour moi, ce ne sont pas tant mes exploits individuels que mon aptitude à jouer collectif. Ce qui m'importe, c'est que mes partenaires soient transcendés par ma présence, qu'ils se sentent libérés, osent prendre plus de risques et aillent de l'avant. Et je n'oublie pas de rajouter, ce pour quoi je suis là : « Le thé vert Murati, c'est tout cela à la fois ! »

Après l'intervention timorée de mon interprète, une jeune femme blonde se lève à son tour. Plutôt jolie, le visage avenant.

Jeanne Le Dantec de *France Football*.

— Le thé vert, contrairement à ce qu'il semble signifier pour monsieur Dickel, est ma tasse de thé, si je puis dire.

Explosion de rires.

— Je me permets de vous souhaiter qu'en juin prochain ce ballon de thé Murati, poursuit-elle en brandissant la sphère à thé, se change pour vous en Ballon d'or.

Applaudissements qui n'en finissent pas.

— Merci, merci. Nous verrons, il y a encore du temps. Comme vous le savez, pour la première fois le Ballon d'or ne sera pas décerné avant le premier jour de l'été. J'aurai donc peut-être une chance cette année avec votre précieux soutien, chère madame, puisque ce sont de nouveau les journalistes, et eux seuls, qui choisiront en toute objectivité l'heureux élu. Pour l'heure, prenez garde que votre chemisier ne se transforme un jour en « maillot » Murati.

Stupeur et chuchotements. Là, c'est le flop ! Je la laisse enchaîner :

— À Munich, vous étiez aimé, apprécié, mais c'était vous le leader. À Paris, du moins jusqu'à ce match à Turin, vous êtes moins en vue individuellement dans une formation composée d'autres immenses stars. Dans quel type d'équipe vous plaisez-vous le mieux ?

Je la regarde droit dans les yeux et lui rétorque aussitôt spontanément :

— Ce qui m'importe, c'est de démontrer, quelle que soit l'équipe dans laquelle j'évolue, l'influence que j'ai sur le jeu offensif de l'ensemble. Que ma seule présence insuffle à tout le monde un surcroît de confiance et d'audace.

15

Le Pré-en-Joie, une journée ordinaire…

Sélénoï et Mayiani sont assis en tailleur sous la véranda, face au soleil, leurs visages sont éclairés d'un enjouement enfantin. Ce dernier, ses longues jambes musclées à demi pliées, porte un drapé à carreaux noué sur l'épaule droite, tandis qu'un tissu rouge lui enserre la taille. Il garde la tête droite et le menton levé.

Tout à la fois féminin, avec la finesse de ses muscles, la douceur de ses traits, et viril, avec ses pommettes hautes et ses larges épaules, il semble avoir atteint un équilibre parfait.

Quant à son aînée, elle est tout aussi resplendissante. Elle a revêtu un pagne rouge vif imprimé d'étoiles jaunes, ses frêles épaules disparaissent sous une accumulation de colliers plats polychromes. Et son crâne rasé est surmonté d'une pyramide de bijoux en perles multicolores.

Tels les gosses maasaï des villages traditionnels de la vallée du Rift, ils s'adonnent au jeu *eloiyetia*, très prisé des enfants, qui consiste à inventer des charades. La jeune femme vient d'être sommée par son frère de citer cinq grandes merveilles. Silence, elle se concentre. Lui retient son souffle dans l'attente que quelque chose se passe. Puis elle le gratifie d'un sourire radieux tout en lui susurrant :

— Une calebasse, puisqu'elle ne boit pas le lait qu'elle contient ; un serpent, qui se déplace sans recourir à des jambes ; un tabouret, qui a des pieds et cependant ne marche pas ; l'eau, qui, bien que n'ayant pas de jambes, voyage quand même…

La liste s'interrompt là. Il n'en manque plus qu'une, mais elle ne vient pas. Finalement, au bout d'un insoutenable suspense, l'inventeur de la devinette livre la solution avec l'affectation d'un comédien qui, à grand-peine, se retient de pouffer :

— Skender Murati, qui est en passe de transformer sa sphère de thé vert en Ballon d'or.

Mayiani se lève d'un coup en titubant à force de rire et disparaît à l'intérieur de la maison. Il en revient avec son *enk'idong*, corne sacrée de vache.

— Tu sais combien elle est propice à l'interprétation des messages que je reçois de l'Invisible, dit-il à sa sœur d'un air entendu.

Il se rassoit face à elle et déplie devant lui un rectangle de peau consacrée de couleur claire. Mayiani supplie ses ancêtres de venir à son aide, crache dans la corne sacrée, souffle dedans, crache encore avant de renverser dans sa main droite une multitude de petits galets polis, qu'il compte et répartit en tas.

Il répète l'opération à neuf reprises. Sa technique de divination repose sur une manipulation mathématique dont il est le seul à connaître la clé. Sélénoï, qui l'observe en train de comptabiliser chaque tas, d'analyser les chiffres et leur relation les uns par rapport aux autres, est intriguée. Son flegme, impressionnant pour son âge, l'intimide. Mais elle a toujours trouvé superflu de recourir à de tels procédés. Pour elle, la Nature parle directement à l'Homme. Le jeune homme marmonne ou plutôt murmure des incantations, ses yeux vifs toujours attentifs à ses petits tas, qu'il continue de manipuler sans jamais perdre patience. Tout à coup, il déclare, ses grands yeux en amande rivés à ceux de sa sœur :

— Skender Murati est en train de plonger de nouveau dans ses errements. Il va avoir besoin de nous.

16

Paris, Montmartre,
une soirée banale de mon quotidien…

Je nous ressers une coupe de champagne rosé tout en écoutant d'une oreille distraite le détail de mon thème astral. J'ai rencontré Linda au Maddox, une nouvelle discothèque branchée de la rive gauche, où je suis allé en début de soirée avec Klaus, Christian et Marco.

Je m'ébroue mentalement. Toute la journée, j'ai tenté de dormir, me réveillant toutes les heures soit l'estomac tenaillé par l'angoisse, soit en proie à une fureur aveugle et impuissante. Et comme toujours en de tels cas, j'essaie de conjurer mon mal par un fantasme sexuel assez fort pour détourner mes pensées morbides…

Nous avons dansé de façon endiablée et j'ai fini par la ramener chez moi. Elle semble experte en astrologie et décortique ma personnalité, selon ses critères à elle, avec passion. Cette fois-ci, j'ai décroché le gros lot, m'exclamé-je tout haut en albanais.

— *Was*?

— Non, rien, continue ! Bon point pour elle, elle s'exprime parfaitement dans la langue de Goethe.

— Tu es un homme équilibré, avec une structure mentale très forte. Cela tient à la position des planètes lors de ta naissance, une configuration tout à fait exceptionnelle.

— Je suis ravi de l'apprendre.

Assis en lotus à même le tapis, mes chaussures enlevées, je commence à être incommodé par la forte odeur de l'encens qu'elle a tenu à faire brûler. Et, surtout, ce cérémonial ubuesque m'exaspère. Aucun bruit de l'extérieur ne parvient dans la pièce. Elle m'a férocement fait calfeutrer toutes les fenêtres, probablement pour empêcher les mauvais esprits de venir s'infiltrer dans ce nirvana.

Je me croirais au fond d'un monastère tibétain alors que je suis dans ma propre maison, à Montmartre. Quoique, à présent, j'en sois de moins en moins sûr. Inlassablement, elle poursuit :

— Tu es un grand sportif aussi.

— Merci pour l'information, lui dis-je non sans ironie.

— Oui, mais tu doutes trop de toi. Si tu avais davantage confiance en toi, tu pourrais devenir un grand footballeur, le plus illustre même. Parfois, il suffit de rêver très fort de choses dont tu as envie et elles se produisent.

— Je te remercie pour ce scoop, lui répliqué-je, bouillant d'impatience.

Une lueur gaie passe dans ses yeux bleus.

— Ton chiffre, c'est le neuf, poursuit-elle avec ténacité. Attends-toi à de grands bouleversements dans ta vie aussi bien professionnelle que sentimentale.

Je bois, je bois… pour oublier ce charabia. Je n'aurais pas dû lui donner la date et l'heure de ma naissance.

Linda se décide enfin à poser ses gribouillis. Je m'attends à ce qu'elle prenne place en face de moi, mais, tranquillement, elle déboutonne son boléro et s'en débarrasse d'un geste gracieux, libérant sa poitrine. Des seins lourds. Devant mon étonnement, elle annonce d'une voix douce :

— J'ai lu aussi dans ton thème astral que ta sexualité est extrêmement puissante, jusqu'à parfois t'obscurcir le cerveau, t'empêchant d'aller au fond des choses. Il faut donc prendre soin de cet aspect, *nicht war* ?

— Comment ?

— En le libérant, m'explique-t-elle, de plus en plus sérieuse.

En même temps, elle en profite pour défaire la ceinture de sa longue jupe qui tombe à terre, la laissant uniquement vêtue d'un string framboise.

Pas le temps de l'admirer qu'elle l'a déjà fait glisser le long de ses jambes. Sans aucune gêne, elle s'installe en face de moi, en tailleur. Rarement, j'ai vu une femme se conduire avec une telle absence de pudeur. Ayant lu dans mes pensées, elle me précise aussitôt :

— Le sexe n'a aucune importance, c'est un exercice physique comme un autre. Il faut simplement purger les influences perturbatrices. Maintenant, déshabille-toi. Totalement.

Difficile de refuser ! Je m'exécute et, dépouillé de tous mes vêtements, je me rassois dans la même position, face à la jeune femme. Un peu gêné tout de même par ma nudité, et ma virilité… pas encore triomphante.

— N'aie pas peur. Tu vas vivre l'amour tantrique. De cette façon, on ne perd aucune onde positive et on est d'emblée en parfaite harmonie. Mets tes mains sur tes genoux, ferme les yeux et pense très fort à ce que tu vas faire. Il faut épuiser d'un coup toute ton énergie sexuelle, sinon cela ne servira à rien et nous serons obligés de recommencer.

On est vraiment chez les frappadingues ! Je ferme les yeux malgré tout, essayant de jouer le jeu. Je me mets à respirer profondément. Lentement, comme elle me l'a demandé. Au bout d'une éternité, il ne me reste plus dans la tête que les effluves de l'encens. J'ai l'impression de perdre connaissance pendant quelques instants et machinalement rouvre les yeux.

Sans que je l'aie entendue, Linda s'est rapprochée de moi. Nos genoux se touchent presque. Soudain, ayant elle aussi ouvert les yeux, nos regards se croisent et j'ai l'impression de recevoir un choc électrique. Je sens une vague de chaleur m'envahir comme un torrent. Elle me demande aussitôt :

— As-tu envie de faire l'amour ? Très envie ?

17

Au même moment, chez Ingrid von Brisbach…

Depuis que son amant est rentré chez lui au bras d'une énième fille d'un soir, Ingrid mesure à quel point il doit souffrir et être totalement perdu. Elle le sait si sensible au fond et le pressent tellement différent de cette légèreté libertine qu'il donne à voir.

Une tasse de thé vert « Murati » à la main, elle médite en contemplant le ciel étoilé. Elle a fait une flambée, et somnole debout, enroulant machinalement une mèche autour de son doigt.

Elle se souvient… En voyant ses traits tendus, les muscles raidis du visage qu'elle aimait tant, elle avait compris qu'il allait lui annoncer une mauvaise nouvelle : « Je quitte Munich pour Paris. Je te quitte aussi. Je suis sincèrement désolé. Une chance m'est donnée de mener une autre vie. »

Sur le moment, elle était restée figée, comme pétrifiée. Elle avait gardé le silence une minute et l'avait longuement regardé. Il avait l'air presque penaud. Puis, comme elle sentait de puissantes émotions l'envahir, elle s'était tournée vers son intériorité. Elle savait qu'elle ne devait pas lutter ; elle avait accueilli ses ressentis dans son corps, dans son âme, pour mieux les accepter, les regarder et tenter de les laisser passer. Ne pas s'accrocher, ne pas s'identifier, ne pas laisser son ego prendre toute la place et totalement la déborder. Elle avait respiré profondément puis avait murmuré : « Je t'aime, va, merci pour cette merveilleuse année à tes côtés ; pour le reste, je m'en remets à la vie, à l'Amour. » Il s'était alors levé et avait posé sa main sur son épaule, comme si ce geste voulait être apaisant, mais pour qui ? Puis, il s'était éclipsé…

Ingrid se lève pour ajouter une bûche, se reverse une tasse de thé vert et se rassoit calmement. Elle revit ce moment, mais l'intensité émotionnelle n'y est plus. Seul reste l'amour inconditionnel, hors du temps et de toute souffrance, qu'elle éprouve pour Skender. Presque un mois s'est écoulé depuis son arrivée en France. Hormis son escapade à Bali, cela a été un mois d'introspection, d'observation de ses sentiments, de ses envies, ponctué par ses quelques soirées de bonheur avec lui, pour lesquelles elle éprouve beaucoup de gratitude. En elle, s'est ancrée une certitude : il est l'homme de sa vie, et elle doit être patiente, voilà tout. Le chemin peut être long, parfois, mais elle a une confiance absolue en son intuition de femme.

Un autre souvenir émerge à sa conscience, un jour béni… Ce jour-là, alors qu'ils se promenaient dans le parc du château et que Skender avait ramassé un nid d'hirondelles tombé avec le vent, il l'avait écoutée avec intensité :

« Sais-tu qu'au XVIIIe siècle, les gens croyaient que les hirondelles passaient l'hiver au fond des étangs ? Comment auraient-elles pu survivre sinon, alors que tous les insectes dont elles se nourrissent étaient soit morts soit en hibernation ? Personne n'imaginait qu'elles étaient capables de franchir plus de onze mille kilomètres, jusqu'au Chili, au Brésil ou en Argentine. Lorsque je les vois revenir au printemps, je pense à tous ces pays, à tout ce qu'elles ont vu et que je ne verrai jamais. »

Il lui avait alors déclaré son amour. Et ils étaient devenus des amants impétueux et éperdus.

La plus belle année de toute sa vie.

« Regarde la lune », l'avait-il interrompue une autre fois, en montrant le ciel du doigt comme un enfant. Elle était là, s'élevant au-dessus de la montagne. Elle ne serait réellement pleine que le lendemain, mais, à l'œil nu, le globe orange qui apparaissait dans le ciel nocturne était presque sphérique, et Skender lui avait déclaré : « Un jour, j'irai la décrocher pour toi. Ce sera mon Ballon d'or ! »

« *Oui, il est mon âme sœur, c'est l'homme de ma vie. C'est mon Schatzy… S'en remettre à la vie !* »

Ingrid s'endormit paisiblement.

18

Stade de Roudourou, Guingamp, samedi 11 novembre…

C'est comme si j'étais à la maison, dans mon jardin, à l'entraînement. On ne dirait pas que le PSG joue à l'extérieur, tant l'accueil est bon enfant. Les tribunes sont proches de la pelouse. J'aime sentir les supporters, ressentir leurs pulsations, leur euphorie. Cette petite cité de la campagne bretonne respire la vie.

À chaque fenêtre des immeubles à proximité du terrain de jeu, des grappes humaines entassées. J'ai l'impression d'être revenu au Kosovo, dans le stade de Vushtrri, à l'époque où je jouais en lever de rideau avec les minimes.

J'ai oublié ma douleur qui me visite de nouveau. J'ai oublié mon vague à l'âme, ma tristesse. Je joue au football, voilà tout, et ma légèreté est revenue.

Javier est très mobile et arrive à fixer la défense à lui tout seul. Il décroche autant qu'il veut pour aller chercher les ballons et m'a déjà délivré deux passes décisives en première mi-temps que j'ai converties en buts. Que l'on n'aille plus dire de moi que « La Diva » se réserve pour les grands matchs de la Ligue des champions !

Marco, quant à lui, continue son récital de passes chirurgicales. Je n'ai pas encore inscrit de triplé depuis mon arrivée à Paris, et je vois là une belle occasion à ne pas rater.

Je pars à la limite du hors-jeu, la balle m'arrive dans les pieds, mais au tout dernier moment un défenseur revient sur moi alors que je m'apprête à affronter le gardien guingampais Benoît Kerbrat. Il me tacle sévèrement, je m'écroule à la limite de la surface et roule sur moi-même de façon spectaculaire. J'entends le coup de sifflet strident de l'arbitre.

Je frappe sans élan. Un missile, mais il est claqué de justesse par le portier breton.

Applaudissements à tout rompre. Guingamp est pourtant largement mené deux buts à zéro. C'est cela que j'aime avant tout. Un vrai public qui continue de soutenir son équipe quoi qu'il advienne.

Mauvaise relance du pauvre Kerbrat, Marco sert Angel sur la gauche qui lui redonne le ballon, avant de me l'envoyer sur la droite. J'ai l'impression de voler, oui, je vole. Quelle sensation grisante ! J'évite le tacle d'un dernier défenseur à l'aide d'une feinte exécutée sans réfléchir avant de placer une frappe surpuissante sous la barre. C'est signé Skender. J'entends comme dans un rêve un soupir d'extase monter des tribunes.

Malheureusement, très vite je me replonge dans un questionnement moins léger : « *Comment se fait-il qu'un tel bien-être ne dure pas ?* » Le jeu reprend, je suis maintenant dans mes pensées, tout s'accélère dans ma tête : « *Il faut que je rappelle ma mère… Et la comtesse ? Que vais-je faire d'elle ? Et si finalement elle était la femme de ma vie ! On doit s'expliquer les choses, clarifier, clarifier…* »

Javier Sanchiz m'envoie un long ballon, je cours comme un malade, je l'amortis de la poitrine dans la surface avant qu'il sorte, temporise au niveau de la ligne de but puis, voyant le gardien qui ne sait trop quoi faire, je pique la balle d'un geste parfait. Tout se brouille dans ma tête. Je me souviens. J'ai dix ans, je suis au Kosovo, je joue contre les minimes de Mitrovica, et je marque à l'identique… Je m'écroule et me tords de douleur en me recroquevillant comme un bébé. J'ai aggravé le score et mes partenaires se ruent sur moi, pensant que c'est ma façon à moi de célébrer mon quatrième but.

Je suis tendu, crispé, noué. Comme dans un rêve ou plutôt un cauchemar, j'entends des voix lointaines me murmurer : « Et un, et deux, et trois, et quatre... » Je me tiens le ventre comme si la vie pouvait s'en échapper. Je souffre et je crie de douleur, menace, injurie. Jamais je n'ai eu aussi mal de toute ma vie... À part ce jour-là !!! Ces militaires brutaux dans notre maison, après mon match. Et leur chef, plein d'amabilité et de courtoisie... Il est grand et mince, élégant, raffiné. Il a un beau visage blond, mais les yeux d'un bleu glacé. D'un geste prompt et sans prononcer une seule parole, il sort son arme de son étui, s'approche de mon père et tire à bout portant !

19

Clinique du Bonheur, Neuilly,
dans les Hauts-de-Seine…

Je bous intérieurement depuis mon « incarcération », et les crampes m'enlèvent toute force. Je suis couché dans une pièce baignée d'une lumière pâle. Souffrant atrocement, je me tourne et me retourne dans un lit bien trop grand. J'ai toujours eu horreur des hôpitaux car, pour moi, il y manque cruellement de la chaleur humaine, et l'odeur écœurante des antiseptiques vous prend à la gorge. L'envie de mourir.

Pour faire diversion avec ce qui me tourmente, je tente de me souvenir de la fin du match. Rien à faire, et la douleur ne cesse de s'amplifier. Malgré les antidouleurs, le moindre mouvement me cisaille le bas du ventre. Je me souviens juste de deux choses.

L'hélicoptère qui m'a ramené dans la nuit vers Paris ; et mon appel au secours, mes quelques mots prononcés au téléphone d'une voix dolente et fébrile : « *Mayiani, je t'en supplie, viens vite… J'ai très mal.* » Un coup de fil à son père, par miracle son fils était présent à son domicile parisien et dormait chez lui. Je l'attends, mon dernier recours.

À mon arrivée dans cette clinique ultramoderne de Neuilly, les médecins m'ont interrogé longuement, ont pris des notes, réfléchi, discuté.

Non, je n'avais jamais eu de problèmes de santé particuliers, hormis une appendicite à onze ans. Et j'ai eu droit à des questions sans fin sur mon mode de vie.

Non, je ne fumais pas, et ne buvais que pour fêter une victoire, enfin pas ce soir ! Non, je ne prenais pas d'antidépresseurs…

Ensuite, on m'a examiné sous toutes les coutures. Puis on m'a fait des radios, des examens, des analyses, des prises de sang. À peine suis-je entré dans ce temple aseptisé que l'on m'a injecté de l'iode avant de réaliser sur moi un scanner cérébral. Pour quelle raison ? Mystère.

Ils sont même allés jusqu'à me faire passer un électrocardiogramme. Quel rapport avec mes maux de ventre ? Un spécialiste des états de stress m'a ordonné de répondre à des tests compliqués afin de mesurer ce qu'il appelait mes « situations psycho-émotionnellement angoissantes ».

Oui, j'avais subi la mort d'un proche.

Oui, ma situation financière avait changé… mais en bien.

Non, je n'avais pas connu de séparation conjugale. Enfin, si l'on veut…

Je viens de passer plus d'examens ces dernières heures que pendant ma vie entière. La tête me tourne et j'ai une furieuse envie de vomir. Toutes les heures, une infirmière fait irruption dans ma chambre pour s'inquiéter de mon état de santé.

— Mon numéro 9 préféré ne semble pas au mieux de sa forme ?

Crispé par la souffrance, je lève les yeux, soudain rempli d'espoir, vers le visage empreint de calme de mon guérisseur, que je n'ai pas entendu arriver. Mayiani ne me posera aucune autre question débile. Lui au moins n'a pas attendu pour agir… avec son cœur et avec ses mains.

J'abandonne cette fois mon torse en toute confiance aux doigts savants dont je connais d'avance le pouvoir merveilleux. En effet, ils opèrent déjà. Je ferme les yeux. Sa présence me réchauffe, m'irradie. Ma respiration devient facile, paisible, comme sous l'effet d'une drogue bienfaisante.

J'imagine le jeune homme devenu boulanger en train de pétrir la pâte. Avec moi, ce sont des faisceaux nerveux défaillants que ses mains cherchent à atteindre dans le seul but d'alléger mes souffrances.

Au bout de quelque temps, force est de constater que la magie n'opère plus. La douleur continue de me tenailler.

Ses mains ont beau se poser aux endroits habituels, il a beau faire les mêmes gestes, opérer les mêmes pressions, les mêmes torsions, ça ne marche pas. Je suis trempé de sueur. Arqué par le mal, mon corps mendie. En vain.

— Je te l'avais dit. Toi seul peux te guérir. Le plus grand bien-être, celui de la plénitude, comporte toujours aussi l'autre face : le douloureux et le négatif dont il faut s'accommoder. Accepte ta difficulté. Chez les Maasaï, l'on dit de la souffrance qu'elle est *Osina Kishon*, un « don du Ciel ». C'est leur expression de vie la plus sacrée. Ils remercient sans cesse lorsqu'ils sont confrontés à la souffrance, car ils savent pertinemment qu'elle a été placée sur leur chemin pour les élever toujours plus haut, à l'image de leur danse sacrée qui est, comme ils la nomment très justement, un « envol vers le Paradis ». Je sais que tu peux y arriver, ce n'est qu'une question de bon sens. En faisant confiance à la vie, tu ressentiras une force protectrice en toi et autour de toi quoi que tu fasses.

Intuitivement, je sais qu'il a raison, mais mon premier réflexe est de lui crier dessus pour ne plus entendre cette vérité de plus en plus encombrante. Il a dû le ressentir car il enchaîne avec encore plus d'enthousiasme et de détermination :

— Tu ne peux pas mener de front deux tâches aussi écrasantes, être une diva planétaire du foot et démêler la pelote embrouillée de ta vie. Ton système nerveux est soumis à trop rude épreuve.

Mais que me chante-t-il là ? De quelles tâches veut-il parler ? Une multitude de pensées contradictoires encombrent soudain mon esprit.

— J'ai très mal, dis-je du bout des lèvres et de mon exaspération. Qu'entends-tu par là ? Je ne comprends pas !

— Tu ne peux pas te disperser. Tu dois renoncer à quelque chose.

Pauvre de moi, j'attends juste de cet ado qui a tant de pouvoir sur moi qu'il veuille bien reposer ses mains sur ma chair lacérée de l'intérieur. Je le supplie :

— Essaie, essaie encore.

— Je veux bien, mais je sens que c'est inutile.

Il semble en effet que ça le soit. Ma souffrance physique s'accompagne maintenant de mélancolie et je pleure des larmes abondantes qui me font du bien.

— C'est bon de pleurer. Ce sont des larmes de douleur qu'il ne faut pas chercher à retenir.

Il me parle comme une mère parlerait à son enfant qui souffre. Je me sens perdu. Il s'assoit et pose délicatement ses mains sur les miennes comme pour me rassurer. Il enfile à mon doigt un deuxième anneau d'un jaune très lumineux. Ayant effleuré sa bouche de son index en un geste d'apaisement, comme pour anticiper une réaction de ma part, il m'explique :

— Les Maasaï ont un proverbe : *Mimbung ilbaa embolosi,* « Ne tiens pas les difficultés par le milieu ! » En d'autres termes, la raison d'être des « problèmes » est de nous amener à obéir aux lois d'*Enk'Aï* qui sont précises et immuables. Nous sommes libres de leur obéir ou non. L'obéissance apporte l'harmonie, la désobéissance, encore plus de difficultés. Lorsqu'un problème se présente, la plupart d'entre nous faisons, comme on dit, la « politique de l'autruche » ou, au mieux, nous l'intégrons en partie mais rarement dans sa totalité. Les Maasaï ne souhaiteraient une telle vie à quiconque. Ce à quoi ils aspirent, c'est à une grande force intérieure pour franchir les obstacles, une manière de donner du sens à leurs vies et de leur permettre de progresser. Les difficultés sont des expériences d'apprentissage et de croissance. Une vie sans « problèmes » serait une vie vide de sens, sans occasion de grandir spirituellement.

Puis il poursuit :

— Nous sommes venus sur Terre pour découvrir qui nous sommes et vivre les expériences nécessaires à notre évolution. Celui qui pense qu'il y parviendra en évitant toute souffrance risque d'être déçu. Peut-être d'ailleurs que si nous ne souffrions pas, nous n'aurions ni empathie, ni humilité, ni sagesse. C'est la souffrance qui permet de remettre l'ego à sa place. Elle est nécessaire jusqu'au moment où l'on prend conscience qu'au fond on peut faire autrement.

Je ferme les yeux pour me concentrer sur ma douleur et la rendre plus supportable.

Puis, il m'intime de sa voix douce :

— Renonce à ce que tu considères comme le moins important.

Je réfléchis à toute vitesse malgré ma douleur.

— Comment reconnaître ce qui est important de ce qui ne l'est pas ?

— C'est ce qui t'apporte la paix, l'équilibre intérieur, au lieu de l'isolement, qui est sec et ennuyeux.

— Je me sens seul, c'est vrai. J'ai tout et pourtant tout m'ennuie ou presque. Mais je ne vois pas ce que je dois changer dans tout ce brouillard qui s'épaissit chaque jour un peu plus.

Cette tirade m'a demandé un effort effrayant.

Mayiani l'a senti, plein de bonne volonté, il se relève et repositionne ses mains sur mon ventre déchiré.

— Je veux bien réessayer, mais ce qui va te guérir, je le répète, c'est que tu décides enfin d'arrêter de vouloir tout faire en même temps.

De plus en plus perplexe, je réfléchis de façon désordonnée. Ma douleur me fait écouter ce qu'il a à me dire de façon lointaine, comme si je refusais de l'entendre. Il continue cependant :

— Nous sommes dans un univers d'abondance qui recèle bien davantage que ce qui est nécessaire à chacun d'entre nous, et pourtant l'énergie de cette planète se présente sous une forme polarisée. C'est ainsi que nous donnons et nous recevons. La clé consiste à savoir comment créer l'équilibre entre les deux. Si tu ne fais que donner, tu te sens vidé de ton énergie, rempli de ressentiment et tu éprouves le manque. Si tu ne fais que recevoir, tu n'apprécies pas ce que tu possèdes. L'équilibre provient de la capacité à donner sans crainte, comme ton cœur te guide à le faire ; et ensuite, de recevoir avec joie et gratitude. Il en est de même avec la respiration : il est aussi important d'inspirer que d'expirer. Assure-toi, mon cher ami, de donner et de recevoir chaque jour et tu ne manqueras jamais de rien.

Il a joint les deux mains et incliné la tête.

J'ai l'impression d'avoir déjà vécu la scène, envahi tout entier par une étrange sensation…

La mer tiède me caresse agréablement les jambes. Je flotte voluptueusement dans une eau limpide, bien à plat au-dessus des coraux. Ingrid m'adresse un geste joyeux. Des poissons multicolores me frôlent, insouciants de ma présence. Je me croirais dans un aquarium géant. Ils filent en bandes comme des éclairs à mon passage. J'ai l'impression rassurante d'évoluer dans un univers pacifique et harmonieux… Des notes de musique si apaisantes, si tranquilles. Du piano, qui révèle le jardin d'Éden ou le premier matin du monde. Je ressens que j'ai la vie à portée de main…

— Les apparences sont trompeuses.

Quelle voix vibrante et douce ! Sans transition, l'odeur fade et la lumière glauque de la clinique me ramènent brutalement à ma chambre. Je suis recroquevillé en chien de fusil. Un homme à la peau mate couleur abricot me regarde intensément avec des yeux à la fois intenses et fragiles, un air mystérieux, indéchiffrable. J'ai dû m'assoupir. Je me souviens des lueurs fulgurantes devant mes yeux, et puis de ce rêve.

— Tu n'as dormi qu'une minute, me lance Mayiani d'une voix railleuse.

— Une minute, mais j'ai l'impression d'avoir vécu toute une aventure, merveilleuse d'ailleurs.

— Tu te sens mieux ?

— Étrangement oui, j'avoue. Tu y es sûrement pour quelque chose !

Soudain, les violons de Verdi cassent net la chaleur ambiante.

— Ah, c'est mon téléphone. Tu peux me le passer, s'il te plaît ?

— *Mirë*[1] *?*

— *Po, po. Shumë mirë*[2].

Il ne manquait plus que ma mère. Inutile de l'affoler.

— Ingrid vient de m'appeler pour me prévenir que tu avais quitté la pelouse sur une civière et qu'un hélicoptère t'avait emmené. Où es-tu ? Est-ce que tu vas bien ? Je savais que quelque chose n'allait pas. Tu sais, je me suis fait un sang d'encre parce que tu ne m'as pas appelée après ton match.

— Oui, je m'en doute, maman, mais je vais bien maintenant. C'était juste un petit malaise.

---

1. Ça va bien ? (En albanais.)
2. Oui, oui, très bien.

— J'espère qu'on est à tes petits soins.

— Je suis dans la meilleure clinique de Paris. Tu n'as pas à t'en faire.

— Tu ne veux pas que je vienne te soutenir ? C'est mon rôle tout de même.

— Non, maman, tu as les cousines à Munich et je sais que tu leur consacres beaucoup de temps et d'énergie ; je te remercie, mais je vais très bien m'en sortir tout seul.

— Oui, c'est bien là le problème, mon fils. Tu ne peux pas continuer ainsi. On n'est pas fait pour vivre seul. Et en plus, tu as une femme merveilleuse qui est prête à t'aimer au moins autant que moi.

— Maman, je t'en prie. C'est une femme très bien, mais je ne suis pas amoureux. Écoute, maman, une infirmière est là. Je te rappelle tout à l'heure, promis. Je t'aime, ma petite maman.

Sans que j'aie eu à le demander, Mayiani est en train de caler un second oreiller dans mon dos et m'aide à me rehausser en position assise. Son regard plein de sollicitude me scrute. Intimidé, je brise le silence.

— Tu sais, c'est ainsi chez nous, la maman est si importante. Elle est sacrée.

— Oui, tout comme chez nous, rien de plus normal en somme. Elle a un amour illimité pour toi et elle n'attend rien en retour. Ou plutôt si, que tu prennes enfin ta vie en main. Que tu saches reconnaître par toi-même, une fois pour toutes, ce qui est important de ce qui ne l'est pas.

— Encore cette histoire de choix !

— Oui, encore. Il n'y a jamais de hasard dans la vie, juste des signes. Ne t'a-t-elle pas parlé d'une femme qui compte pour toi ?

— Mais, ma parole ! Tu parles l'albanais ?

— Non, pas le moindre mot. Mais je comprends l'essentiel d'une conversation à la vibration des mots.

— Oui, c'est vrai. Elle s'appelle Ingrid, elle est allemande, mais…

— Pour le moment, je ne veux pas en savoir plus, m'interrompt-il. Ce sera ton grand chantier, élaguer la jungle de tes pensées et retrouver l'essentiel de ta vie.

20

Dans ma Lamborghini…

J'ai quitté Montmartre à l'aube et depuis près d'une heure trente, je file bon train sur l'autoroute A6. L'autoroute du soleil ! La circulation est fluide. La Miura gronde, frémit, son moteur V12 est en fusion. Je ne fais plus qu'un avec le paysage qui défile, l'air ambiant, les notes de piano de Ludovico Einaudi. *Una Mattina*. Oui, quelle somptueuse matinée ! La route, la vitesse.

Décidément, je ne suis pas fait pour tourner en rond, vivre enfermé dans une maison. Mon bonheur est devenu la dissidence de ces instants perdus, loin de l'agitation et de la routine. Cela fait déjà plus d'une semaine que je suis rentré chez moi, et que j'alterne ma vie d'ermite et mes petites escapades.

J'ai aussi retrouvé mes pinceaux, mes tubes de peinture et mes toiles, et j'ai réalisé combien la création était indispensable à mon équilibre. Il suffisait de m'y remettre. Pas si simple, quand tout semble aller de travers et que vous prenez un malin plaisir à vous enfoncer toujours plus. Aspiré par le bas.

Je n'ai pas repris l'entraînement, ça ne me manque pas plus que ça. Tous les joueurs du PSG, sans exception, l'ensemble du staff, et même le coach Jordi Del Compo m'ont rendu visite. De petites attentions qui m'ont redonné confiance. Des petits riens mais qui comptent dans la vie d'un homme.

Quant au jeune Maasaï, l'incroyable Mayiani, il vient me voir régulièrement ; outre ses séances de massage qui restent indescriptibles, il me parle de choses les plus ordinaires avec la grâce du temps qui passe, mais sans jamais la moindre altération. Je ressens, pour la première fois peut-être, que j'ai toutes les cartes en main pour être serein et bienveillant.

Je fixe le ciel, des centaines d'étourneaux accomplissent une gracieuse arabesque, parsemant le soleil de petites taches noires. Danses virevoltantes. Mon angoisse, amalgame de culpabilité et de rancœur, n'est-elle pas elle aussi en train de s'enfuir à tire-d'aile ? Et Ingrid dans tout cela ?

La concernant, je constate que ma réticence s'est diluée, au point qu'elle m'énerve moins qu'avant. Surprenant tout de même ! Ma réaction lorsqu'elle m'appelle, matin et soir depuis une semaine, est beaucoup moins épidermique. Je ne me sens plus harcelé comme auparavant. Mon chantier n° 1, évoqué par Mayiani, serait-il en passe d'être achevé ?

Je me sens bien, ivre de grand air, d'espace et de lumière. Même aujourd'hui, où je suis heureux, voire impatient, de retrouver Ingrid, j'ai éprouvé le besoin de prendre ma voiture pour être seul un moment.

J'emprunte la bretelle de sortie pour reprendre l'A6 dans l'autre sens. Direction Paris et le musée du Louvre, où je lui ai donné rendez-vous à onze heures. Je file comme l'éclair la rejoindre.

21

Au musée du Louvre, visite privée…

Je zigzague entre les voitures, fendant l'intense circulation de la voie sur berge qui longe la Seine. La tête à demi sortie par la fenêtre dans l'air vif de cette belle matinée de la fin novembre, je tente de remettre de l'ordre dans mes idées, tout de même perplexe à l'idée de revoir la *Gräfin*. Je ne peux réprimer un sentiment d'accablement en songeant à tant de gâchis et d'incompréhension.

Dans les rues de la ville, je retrouve l'effervescence. Un couple d'amoureux serrés l'un contre l'autre essaie de se réchauffer. Image réconfortante. Arrivé au début de l'avenue de l'Opéra, je descends en trombe la rue de Rohan, ignore le feu rouge de la rue de Rivoli, et franchis les guichets du Louvre, ces grandes ouvertures voûtées donnant accès à la place du Carrousel.

J'accélère, l'esprit ailleurs, avant de m'engouffrer dans un parking souterrain. L'habitude. Dès mon arrivée en France, la direction du club, connaissant ma passion pour l'art et la peinture, avait tôt fait de me proposer à ma guise des visites privées du plus célèbre musée du monde.

Je traverse d'un pas décidé l'esplanade en direction de la pyramide, où j'ai rendez-vous avec la comtesse. Une sensation d'émerveillement familier m'envahit à la vue du palais. J'accélère le pas vers l'énorme porte d'entrée.

— Monsieur Murati, bonjour.

Quelle voix gutturale ! Un homme massif, les épaules rejetées en arrière, le regard sombre, me secoue vigoureusement la main.

— Je suis Walter Müller, votre guide.

— Enchanté, Walter. Vous permettez que je vous appelle par votre prénom ?

— Oui, bien sûr, c'est un honneur pour moi, me marmonne-t-il sans sourciller. Gai comme un passe-muraille !

— J'attends ma compagne, elle ne va pas tarder, lui dis-je pour meubler.

Mais que fait-elle ? Je lutte contre une inquiétude croissante lorsque, surgies de nulle part, deux mains très douces enveloppent mes yeux. La voix féminine d'Ingrid me redonne sur-le-champ une puissante motivation. Je suis heureux de l'entendre. Je me retourne et nous nous enlaçons comme deux collégiens.

— *Meine Liebe ! Wie geht's*[1] *?* Tu as l'air en pleine forme.

— Je le suis ! Quant à toi, l'air de Paris te semble plus que profitable. Tu es resplendissante.

— Tu es trop mignon. Elle semble minauder, prenant une pose inconsciemment provocante.

De nouveau, je constate qu'il se dégage d'elle une grâce sensuelle pleine d'énergie, un magnétisme incroyable.

— Je te présente monsieur Walter Müller, notre guide !

— *Guten tag*, Herr Müller, dit-elle d'un ton aussi placide que mondain en lui offrant sa main.

Puis, m'adressant un regard énamouré, elle se met à tournoyer sur elle-même, découvrant ses bas noirs sous le tissu soyeux d'un manteau haute couture.

1. Mon chéri ! Comment vas-tu ?

En observant ses yeux couleur émeraude et son chignon insolemment blond, je repense à l'année de notre rencontre. J'étais amoureux comme un gamin. À m'en réveiller la nuit. Je n'avais qu'une seule obsession : unir mon sort au sien pour le meilleur et pour le pire.

Là, même si ce que je ressens n'a plus rien à voir, il me semble la redécouvrir. Une impression sans doute en lien avec ce chemin d'intériorité que je parcours grâce à Mayiani.

Pourquoi ne pas développer une sincère amitié avec elle ? Après tout, notre complicité ne semble pas avoir souffert.

Devancés par notre guide à la silhouette néandertalienne, nous descendons, main dans la main, le grand escalier de marbre, sous la pyramide de verre. À près de vingt mètres sous le sol de la cour, le hall d'entrée du musée ressemble à une grotte sans fond aux murs de marbre ocre, un matériau choisi pour s'harmoniser avec la pierre de l'édifice, du moins c'est ce que j'ai lu dans un livre.

Habituellement rempli de monde, l'atrium présente ce matin des allures de *no man's land*.

— Le plus beau musée du monde, rien que pour nous deux ! Je parie que tu n'as jamais visité le Louvre de cette façon ?

— Je ne l'ai jamais visité tout court, me murmure-t-elle en me défiant du regard.

— Alors, ne perdons pas une minute. Plutôt que de nous en tenir aux chefs-d'œuvre les plus célèbres tels que *La Joconde* ou la *Vénus de Milo*, j'ai demandé une visite guidée autour de la Grande Galerie et des maîtres de la peinture italienne.

Bien plus tard, Ingrid et moi convergeons, au centre du parquet, vers une banquette octogonale. Sans doute posée là pour les visiteurs désireux de se reposer dans la contemplation d'un des plus prestigieux tableaux du musée, un imposant Botticelli de cinq mètres de haut. Alors que je m'apprête à lui demander si elle aime cette peinture, elle me prend la main et me chuchote ces quelques mots :

– J'ai parfois l'impression d'avoir été oubliée, comme les touristes abandonnent derrière eux ce dont ils ne veulent plus. Même si le moment présent met à distance cette pénible sensation, m'enveloppant d'une certitude divine, que tout est pour le mieux dans le meilleur des mondes.

J'en reste pantois, sans rien dire pendant une longue minute ; je me frotte machinalement le menton en me demandant comment je vais m'en sortir, et finalement je ne trouve rien d'autre que de la serrer dans mes bras.

— Depuis que tu as quitté Munich, poursuit-elle de façon à peine perceptible, je suis avec toi à chaque instant, et je t'aime mais… pas plus que je ne m'aime moi-même.

Elle rajuste sa jupe de panne de velours noir tandis que je prends une profonde inspiration. Je ne sais toujours pas quoi lui répondre, alors je ne dis rien. Je prends soudain conscience qu'en ayant mis un terme à notre histoire, je lui ai brisé le cœur. Et que, durant ces longs mois, elle a tenté d'entretenir la flamme de notre amour. Maintenant, il faut l'éteindre. Que faire d'autre ?

— Voilà, dit-elle, en détournant légèrement la tête, comme si elle faisait des efforts terribles. Je voudrais juste que tu me rassures, que tu prennes soin de moi. J'ai besoin de te sentir proche.

Pour être honnête, je n'ai eu de cesse depuis que le destin a placé Ingrid sur mon chemin d'essayer de deviner au plus juste ce que disait mon cœur. Je l'ai tant questionné que je ne l'entends plus ! Peut-être est-ce cela ? La jeune comtesse allemande me regarde intensément, presque avec désespoir, mais rien ne sort de ma bouche. Alors, elle poursuit :

— J'ai gardé tous les mots doux que tu m'as écrits. Regarde celui-ci, tu t'en souviens ? Tu étais parti à Rio avec le Bayern. Je saisis la lettre froissée qu'elle me tend. Je reconnais bien là mon écriture et aussi mon dessin représentant des feuilles d'automne.

Une évocation de la solitude. Cela avait été ma façon à moi de lui signifier combien elle avait réussi à ôter ce qui me pesait le plus. Puis, elle me la reprend pour en lire des extraits :

« Rio, Brésil, 20 décembre 2012. Ingrid chérie, tu me manques. Cette semaine va être bien longue jusqu'à mon retour… Je veux que tu saches que j'étais sincère lorsque je t'ai dit, avant mon départ, que je t'aimais. Je t'aimerai toujours. Tu es la femme la plus merveilleuse que j'aie connue. Je rêve de toi la nuit. Avant, je rêvais de football… »

Silence puis :

— Le pensais-tu vraiment, *mein Schatzy* ?

Un remords violent s'empare de moi, une tristesse mêlée de culpabilité. Tous ces efforts qu'elle fait pour tenter de renouer avec moi, et moi qui reste de marbre ! De quoi ai-je peur, bon sang ? Je ne saurais décrire le doute que j'éprouve en cet instant.

Ingrid me dévisage d'un air interrogateur et mon souffle s'accélère. J'aimerais tant pouvoir inverser le cours des choses, être sûr de mes engagements. Je m'entends lui répondre après d'interminables secondes :

- Bien sûr que oui, ma *Gräfin* !

Elle exprime ses sentiments à sa façon :

- Une vieille légende orientale raconte que nous sommes tous unis par le fil rouge d'un amour dans notre vie. Peu importe qu'il se détende, qu'il se tende ou qu'il fassc vingt mille fois le tour de la Terre. Deux personnes attachées par ce fil rouge finiront toujours par se rencontrer, même si cela doit avoir lieu avant la fin du monde. Ce fil rouge est gouverné par le Destin, c'est pour cela que, quoi qu'il arrive, il ne pourra jamais se rompre.

22

À Montmartre, chez moi, avec le jeune prodige du massage…

La pièce est vaste, bien trop grande pour une seule personne.

Près de la fenêtre trône un bureau en chêne design, comme la table basse près d'un canapé en forme de « L ». Tout le reste est blanc, le plafond, le sol, les murs.

Assis sur le rebord du canapé en cuir, Mayiani sourit, découvrant des dents blanches, si parfaites que j'en ai le souffle coupé.

— Tu es vraiment beau. Personne ne devrait avoir le droit d'être aussi beau ! lui dis-je avec humour tout en le fixant.

Le jeune homme soutient mon regard sans ciller et rétorque :

— Ce ne sont pas mes traits ni ce que je porte qui me rendent beau, comprends-le bien ! La beauté, c'est le naturel qui émane de mon cœur et de mon âme.

C'est exactement le type de belles phrases que j'ai toujours eu du mal à faire miennes. Mayiani poursuit sur le même ton professoral :

— La beauté, c'est tout l'amour pour les gens et la nature que je diffuse, et c'est autrement plus significatif que l'éphémère apparence, même s'il me paraît juste de mettre en couleur la passion pour la vie qui m'anime.

Tout en parlant, il s'est levé pour examiner de plus près une immense tache de couleur sur le mur d'en face. Une mosaïque de petits tableaux disposés en carré, représentant une série d'arbres et d'objets quotidiens du passé avec une telle finesse de détail que l'on dirait des photos.

— L'artiste, c'est toi ? me demande-t-il.

— C'est moi. J'ai voulu rendre extraordinaires les objets les plus ordinaires.

— En faire quelque chose de beau ?!

— Oui, c'est ça, dis-je hésitant. De nos jours, tout le monde se croit photographe, c'est devenu quelque chose de médiatique avec les GoPro, les selfies, etc. Alors, je fais des compositions en peinture et en dessin.

— Skender, je voudrais te poser une question. Je peux ? me sollicite-t-il soudain en suivant intensément mon regard.

— Tu peux, tu peux, rétorqué-je, mal à l'aise.

— À ton avis, la beauté de ce jacaranda du Brésil que tu as peint émane-t-elle de ses grandes fleurs mauves ou de l'arbre lui-même ? Savais-tu qu'au début du XXe siècle, des missionnaires l'ont planté un peu partout dans les rues de Nairobi, précisément pour l'extraordinaire spectacle qu'il offre lors de sa floraison qui dure longtemps, entre septembre et novembre ?

Ma bouche s'ouvre et se referme aussitôt. Ne pas parler pour ne rien dire. Heureusement, la jeune Dilé fait une entrée remarquée, portant un plateau garni d'assiettes remplies de blinis, de caviar et de saumon fumé à la caucasienne. Elle le dépose sur la table basse et s'éclipse sans un regard pour moi ni pour mon hôte.

Le rituel est toujours le même lorsque le jeune Maasaï vient me rendre visite. C'est désormais mon ami, et je le traite comme tel. D'abord, une séance de massage, puis une petite collation avec des discussions à bâtons rompus. Je me penche pour me remplir un verre de vodka bien frappée et tends un verre de citron pressé à mon ami revenu s'asseoir à mes côtés. Nous portons un toast à notre rencontre avant que Mayiani, tenace, ne me repose la question de l'arbre et du beau :

— Alors, la beauté du jacaranda émane-t-elle du mauve incroyable de ses grandes fleurs ou de l'arbre lui-même ?

Je réfléchis à la question, et pour moi, à l'évidence, les deux réponses sont valables tant les fleurs d'un mauve intense sont réellement sublimes. Ce sont elles qui font la beauté de cet arbre. En même temps, on ne peut nier le fait que c'est cet arbre et pas un autre qui donne de telles fleurs. Du coup, je me décide et m'empresse de dire comme pour me libérer d'un fardeau :

— C'est l'arbre qui est beau. De petite graine, il est devenu assez imposant pour produire de façon unique ces fleurs d'un mauve incomparable.

— Oui, c'est cela, c'est la bonne réponse.

Je crois un instant qu'il se fiche de moi et je fais un gros effort pour rester maître de moi-même. Mayiani ajoute aussitôt :

— Tu n'es pas beau parce que tu marques des buts extraordinaires, n'est-ce pas ? Tu es beau parce que tu grandis et que tu apprends à te connaître. Tu apprends chaque jour à te laisser guider par ta petite voix intérieure pour éviter de faire des choses qui ne sont pas justes. Tu es beau intérieurement parce que tu finis par comprendre que l'important est de grandir heureux et en parfaite santé, et non pas de porter la dernière marque à la mode pour rester dans la course. Je te rassure, tu y occuperas toujours une place de choix, à condition d'être toi-même, car tu as été créé avec ta beauté.

Je suis habitué à être ébahi par ses réponses, d'une telle justesse et d'une telle profondeur. Et je mets toujours du temps à m'extraire de l'intensité de ses propos. Je finis par lui demander :

— Comment se fait-il qu'à ton âge, tu saches tout cela ?

— Je suis né ainsi. J'ai toujours tout appris très vite. Même s'agissant d'un livre, je le parcours en quelques minutes, et j'en retiens l'essentiel. Les langues, je les apprends également à une vitesse éclair. Les Maasaï croient que le chemin particulier que nous empruntons a été spécialement conçu pour chacun d'entre nous. Mon rôle se borne par conséquent à accepter de le suivre, c'est tout. Pour cela, le seul impératif est de ne pas douter.

— Oui, il faut être fort intérieurement, complété-je tout en appuyant sur les boutons de la télécommande.

— Tu ne crois pas si bien dire. De nos jours, les gens sont devenus faibles, parce que leur savoir est superficiel et se borne au matériel et à la raison.

Ses mots se sont intimement mêlés aux mouvements lents et méditatifs du *Stabat Mater* de Pergolèse que je viens de sélectionner.

— J'ai remarqué que tu avais une prédilection pour les musiques tristes. Je me trompe ?

— Mais ce n'est pas triste ! Pergolèse dépeint à merveille la douleur de Marie au pied de la croix, voilà tout. Mais attends un peu. Tu vas voir qu'au fil de l'œuvre, la lumière transperce peu à peu les ténèbres. J'aime cette intensité dramatique. C'est la vie.

Mayiani sourit, se lève et se rapproche de la fenêtre. Ce jeudi est vraiment un de ces jours bénis où pas un nuage n'obscurcit le ciel. Puis, il revient s'asseoir sans rien dire. Il pose ses yeux sur moi avec une tendresse infinie et m'explique sans emphase et avec une grande clarté les dernières révélations des physiciens quantiques. Il est fier, car elles ne font que démontrer ce que les Maasaï mettent en pratique depuis des temps immémoriaux.

— Tout est musique, tout est lumière, commence-t-il par dire de façon énigmatique. Sais-tu que ton corps est fait d'ondes lumineuses et de sons harmonieux, tel un instrument de musique ? Nous émettons constamment de l'information vers les autres et vers l'univers, et nous en recevons d'eux. On parle de « reliance universelle », et celle-ci s'opère au travers de notre ADN, le cœur même de notre être, qui émet des photons de lumière. Lorsqu'il n'y a plus de reliance, les cellules s'affaiblissent, les hommes s'étiolent, les arbres et toute la nature aussi. Nous sommes tous reliés. Nous ne sommes pas des êtres solitaires, faibles et impuissants devant le malheur, contrairement à ce que l'on veut nous faire croire. Nous sommes créateurs à chaque instant de nos vies, par nos actes et par nos pensées. De même, pouvons-nous infléchir le destin du monde. Si tes attitudes, tes paroles, tes pensées sont négatives, alors tu engendres les conflits, les guerres, la destruction ; si, en revanche, tu veilles à être dans la joie et la tolérance, tu installes un climat d'harmonie et de respect entre les hommes. Eh oui ! La bonne nouvelle, c'est que tu peux changer à tout moment le cours des choses en te changeant d'abord toi-même. Chacun est libre de choisir !

Long moment de silence, puis il m'interroge à brûle-pourpoint et sans transition sur ma vie intime :

— Où en es-tu de ta relation avec ta vache sans poil ?

Je crois avoir mal entendu et le fais répéter, mais la réponse ne varie pas.

Il m'explique :

— Ne le prends pas mal. Chez nous, la vache est sacrée au plus haut point, et dans l'intimité, on n'hésite pas à s'appeler par des mots doux faisant référence à ce ruminant. Nous sommes le peuple de la vache.

Je m'ébroue et lui demande de préciser :

— À quelle vache sans poil fais-tu référence ?

— Mais à ta *Gräfin*, voyons !

Au son de sa voix, je sens que je ne dois pas le distraire de ce qu'il est peut-être sur le point de me révéler.

— En amour, il te faut quelqu'un qui te laisse libre. Mais, d'un autre côté, tu dois travailler à être moins indépendant. Bien entendu, tu rencontres la personne qui te fait le plus travailler sur toi. On ne rencontre jamais quelqu'un par hasard.

— C'est sûrement vrai, mais Ingrid a énormément besoin d'être sécurisée, ce que je ne peux lui offrir, dis-je piteusement au beau milieu de sa démonstration.

— Oui, je comprends, et toi tu veux être libre comme l'air. Parfois, le but d'une rencontre peut être pour l'un d'être moins indépendant, et pour l'autre, de travailler au détachement.

— Si je te suis bien, je devrais rester avec elle pour continuer de rectifier mon incapacité à être moins libre ? m'écrié-je sur le ton de la culpabilité.

Mayiani se lève d'un coup pour danser en riant aux larmes. Quel phénomène tout de même ! Lorsqu'il se rassoit, il reprend d'une voix égale :

— Lorsque tu as dit stop à ta relation en quittant Munich, tu as su dire non, mettant en acte le fait que tu n'étais plus d'accord. Le danger maintenant serait que tu regardes en arrière et sombres dans la culpabilité.

— Oui, mais le problème, c'est que je me rends compte aujourd'hui que je me remets à penser à elle. Elle me fait de nouveau du bien. Je me sens complice. C'est peut-être dû au fait que maintenant, je m'autorise à vivre ma vie. Elle ne m'apparaît plus du tout intrusive, jalouse ou quelque chose de ce genre, ce qui avant me hérissait le poil. J'ai le sentiment de la redécouvrir.

Mayiani ne répond pas tout de suite et s'empare d'une moitié de citron qu'il presse sur une nouvelle cuillerée de caviar.

— Lorsque tu as fait ton choix, tu as eu l'impression de le décider naturellement, mais c'était peut-être une fuite en fait. En lui disant non, c'était à toi que tu le disais. Tu refusais de voir la vérité en face, tu refusais d'être toi-même, libre au-dedans. Aujourd'hui que tu commences à entrevoir qui tu es et à le mettre en pratique, comme par hasard, non seulement tu te sens mieux, mais elle ne t'agace plus. Et elle te laisse tranquille. Tu es en train de la découvrir, plutôt. Tu découvres surtout l'évidence de l'amour, sa pureté, au-delà des apparences. Ne l'enferme pas, vis-le comme tout le reste. Pratique la douceur, consciemment, affectueusement, envers elle tout autant qu'envers toi-même, et tout se mettra en place car tu auras su offrir à son cœur ainsi qu'au tien la caresse délicate dont ils ont besoin.

23

Camp des Loges, dix jours plus tard…

Trois semaines ! Trois semaines durant lesquelles j'ai enduré puis surmonté mes terribles douleurs au ventre. Trois semaines sans le plaisir de rechausser les crampons.

Ces cinq derniers jours, j'ai repris l'entraînement avec obstination, j'ai soulevé de la fonte, j'ai pratiqué des exercices d'endurance et de renforcement cardiaque, du footing, à raison de deux, trois heures, par jour, voire plus. À l'affût du moindre signe du retour de mes douleurs au ventre. Elles semblent de nouveau m'avoir quitté depuis les passages réguliers de Mayiani et ses impositions de mains de magicien.

Depuis ce matin, j'ai retrouvé mes camarades de jeu qui viennent de faire match nul en Bavière, à l'Allianz Arena de Munich, avec mon ancienne équipe, le grand Bayern. Je participe enfin à l'entraînement collectif. Et je suis motivé comme jamais, d'autant qu'il est hors de question que je ne participe pas au match retour au Parc.

Le Paris Saint-Germain est actuellement 3e de la poule derrière l'équipe bavaroise et la Juve, signifiant que seule une victoire à Paris nous évitera d'être éliminés de la Ligue des champions, ce qui est impensable à ce stade de la compétition.

Ce matin, un grand article dans *L'Équipe* m'était consacré avec pour titre : « Le Sauveur ».

Il faisait suite à un reportage de *France Football* dans lequel le journaliste développait une série d'arguments contre ma titularisation au match retour contre le Bayern Munich : « Les 48 000 spectateurs qui lui réserveront un tonnerre d'applaudissements ne seront pas suffisants pour transcender un joueur à court de compétition, en manque de rythme, en recherche de repères et à la condition physique précaire... »

Pour une fois, les journalistes ont fait du bon boulot, retranscrivant au mot près ce que je leur ai déclaré en conférence de presse : « Pourquoi voudriez-vous que j'aie de l'appréhension quand je ferai ma rentrée ? Ce jour-là, je serai en pleine possession de mes moyens et je ne l'effectuerai pas pour faire de la figuration ni pour rendre service. Je serai Murati, le footballeur, Skender Murati, le numéro 9, guéri, physiquement rétabli, mentalement comme un messie. Il n'y aura aucun problème en ce qui me concerne. Je me sens au top de ma forme et il me tarde de me transformer de nouveau en terreur des surfaces. Je ne ferai aucun cadeau à mon ancien club... »

Le journaliste concluait son reportage par cette phrase positive qui a comblé mon orgueil de buteur : « Le faire jouer, même sur une jambe, aura un impact psychologique sur l'adversaire car il polarisera l'attention de tous les défenseurs... »

Trois semaines privé du plaisir d'entrer en dernier sur la pelouse du Parc des Princes sous les regards de milliers d'*aficionados* prêts à s'enflammer sur une course, un dribble, une frappe, un but... Cet intermède est terminé et il me tarde de reprendre la compétition.

Sauf que je viens de m'écrouler. Un malaise. Rien d'étonnant, depuis quelque temps, le matin, je déjeune rarement, ça ne passe pas.

Je vois des étoiles. Mes partenaires se précipitent et m'entourent. Yann Stamm, le préparateur physique du PSG, revient des vestiaires avec du sucre et de l'alcool de menthe. D'abord méfiant, je finis par l'avaler. Tout rentre dans l'ordre.

Les regards inquiets s'effacent, les plaisanteries et les éclats de rire fusent de nouveau. D'autant que l'exercice ultra-intense de douze séquences de trois minutes de VMA[1] a pris fin, un peu grâce à moi. Pour une session avec ballon.

Jongleries, passes, tirs, et bien sûr les traditionnels toros d'échauffement.

Placé au milieu, David n'a pas touché la balle durant vingt passes successives tout autour de lui à un rythme endiablé. Il sera quitte pour payer sa tournée à toute l'équipe.

Je frappe, toujours et encore. Juste de petits tiraillements de rien du tout. Je m'amuse comme un gamin et tous les joueurs doivent le ressentir car l'ambiance est vraiment détendue. Un pur bonheur ! Je me surprends à penser que la *Gräfin* serait fière de moi. Ce soir, je l'ai invitée à la maison pour un dîner de fruits de mer. Une décision prise après avoir lu la lettre que m'a écrite Mayiani.

Je l'ai trouvée si touchante que je l'ai apprise par cœur. Elle commence par un proverbe maasaï : *Ake ebori pookin amu ilngojinia oshi ilkumok,* suivi d'une traduction : « Nul ne doit être soustrait à notre attention car nous boitons tous. » Puis d'une explication : « Suis ce que dicte ton cœur ! Nous considérons cet élan vital comme la troisième clé du bonheur ! Tu découvriras ainsi la puissance du principe maasaï d'*Encipaï*, fait de joie, d'enthousiasme, d'allégresse, de don de soi et de créativité. Puis, elle se poursuit :

« Quand une âme a l'intention de tirer le plus de choses possible de la vie sans donner, cette âme ne peut pas trouver de bonheur réel ni de joie réelle qui demeurent ; car c'est en pensant aux autres sans s'oublier pour autant qu'on trouve une joie et un contentement intérieurs profonds. Personne ne peut vivre sur

1. Vitesse maximale aérobie : vitesse de course sur piste à partir de laquelle une personne consomme le maximum d'oxygène.

lui-même et être heureux. Chez les Maasaï, l'état constant d'allégresse qu'ils appellent "Encipaï" n'est pas un impératif, mais résulte de la bienveillance avec laquelle ils considèrent l'Autre dans la vie de tous les jours, quelles que soient les circonstances… »

Je fais coulisser avec perplexité le troisième rang de perles vert clair le long de mon doigt. Formant une petite bosse au fond de l'enveloppe, il était enroulé autour d'un support en carton sur lequel étaient écrits ces quelques mots : « Sois conscient que tu te mets en harmonie à chaque instant avec ton cœur et l'énergie illimitée qu'il produit pour ton propre bien et le salut de la Terre. » Avec une flèche indiquant de lire au dos ceci : « Les battements joyeux de ton cœur t'incitent en permanence à aimer sans restriction : la Vie, Soi, les Autres, ainsi que tous les Êtres de la Création. Sache-le une fois pour toutes. Il n'y a pas d'état d'être plus facile à réaliser. Si tu gardes la joie en toi de façon durable, des coïncidences (le fait que plusieurs choses arrivent en même temps) de plus en plus fréquentes surgiront dans ta vie pour te maintenir sur le bon chemin, le tien. Ris sans raison, ris à gorge déployée, ris au point de ne plus pouvoir t'arrêter, et tu trouveras un état réel de grande simplicité qui te maintiendra en parfait équilibre dans ta relation à toi-même et avec les autres. »

24

En tête à tête...

Je l'attends en faisant les cent pas de la table à la fenêtre, puis de celle-ci à la cuisine, pour être bien sûr que tout est en place. Rien ne manque apparemment. M'avisant soudain de la précarité du feu, je m'avance de quelques pas pour y jeter deux grosses bûches de chêne. Les senteurs naissantes me réchauffent et me transportent. Une joie extraordinaire se dégage de tout mon être.

Avant-hier, j'ai demandé à Katell, la cuisinière en chef de la maison, de nous éblouir les papilles et de nous préparer des recettes de sa Bretagne natale dont elle a le secret. En entrée : une soupe crémeuse à base de palourdes et d'oignons. Ensuite, des noix de Saint-Jacques poêlées avec du riz sauvage et du beurre à l'ail. Et en dessert, un succulent gâteau au chocolat. Le tout arrosé d'un Château d'Yquem 2002.

Je me tiens une éternité courbé sur l'âtre, comme avide d'en partager la vie, puis m'assois sur le rebord du canapé. Au piano, Ludovico Einaudi et ses notes éternelles de *Monday* me font précisément oublier que nous sommes lundi et que, soufflant et haletant toute la journée, j'ai été au bord de l'évanouissement.

Je me sens apaisé et mon corps est redevenu léger et détendu. Je prends mon ordinateur portable sur les genoux et vérifie mes mails. J'en repère un qui m'intéresse au premier chef, celui d'Hildegard, avec en pièce jointe ses nouvelles pages de ma biographie.

Je les parcours d'un œil distrait :

« Skender n'est pas seulement un buteur-né, de ces joueurs de surface qui traînent dans les dix-huit mètres et sentent les bons coups. Lui n'est pas que buteur attentiste. Il est aussi, avec ses partenaires, très collectif, tout en se servant de ses qualités de puissance, de finition et d'adresse. Il est unique car non seulement il va vite, n'a pas peur et rentre dedans, mais il est aussi un avant-centre qui bouge constamment sur tout le front de l'attaque. Il est à proprement parler insaisissable... »

L'ambiance du living est feutrée, agréable, cosy, et la musique doucement diffusée continue de me réconforter. Les odeurs de fruits de mer flottent dans la pièce. Je pose l'ordinateur à côté de moi, puis je ferme les yeux, tentant de m'imaginer de nouveau dans un état amoureux. Après tous ces mois passés seul ?

En tout cas, il y a une chose dont je suis sûr, le monde n'est pas assez grand pour continuer de me fuir moi-même.

— *Grüss Gott, Herr Murati*[1] *!*

La voix acidulée de la jeune comtesse bavaroise m'arrache à ma rêverie. Tel un automate, je me lève pour aller à sa rencontre. Je me sens statufié. Ses yeux brillent d'émerveillement, et je rougis. Ingrid commence à déboutonner son manteau coloré puis me le donne en hochant la tête de façon adorable.

Je redécouvre son corps élancé, moulé par un léger chemisier de soie mauve et un blue-jean. Comme par magie, son visage radieux et ses immenses yeux verts en amande achèvent de faire fondre toutes mes appréhensions. Brusquement, elle se jette contre moi et m'étreint. De tout son corps, à la fois comme une amante et comme une amie. Avec juste ce qu'il faut pour me troubler. Après une éternité, la *Gräfin* se détache un peu froidement.

1. Bonjour, monsieur Murati. Littéralement : « Que Dieu vous bénisse ! »

— Un jour, j'espère retrouver l'homme que tu es, dit-elle à voix basse.

— Je suis un diplodocus. Ce n'est pas drôle, un diplodocus.

C'est tout ce que je réussis à dire. Je me rends compte avec stupeur que je suis complètement intimidé. À en perdre mes moyens. Comme si je la rencontrais pour la première fois.

— Mais que ça sent bon, mon chéri ! J'ai une faim de loup. Elle me prend par la main et nous nous dirigeons tous les deux vers la cheminée, à proximité de laquelle j'ai fait dresser une table recouverte de pétales de rose, sa fleur préférée.

— Oh ! Que c'est beau, *meine Liebe*. Alors, tu t'es souvenu de ma passion pour les roses ?

— *Yawohl !* C'est ma façon de te dire que je pense à toi. Te souviens-tu de la seconde fois que nous nous sommes vus ? Je t'avais invitée dans un restaurant italien dans le centre de Munich et tu m'avais offert une rose sublime. Cela m'avait ému à un point que tu ne peux pas imaginer. Généralement, ce sont les hommes qui offrent des roses et…

— C'était un moment incroyable, j'y repense très souvent. Nous étions si insouciants.

Nous sommes restés debout un temps infini, nos visages tournés vers la lueur rougeoyante des braises.

— Prends place !

J'allume neuf bougies que je dispose avec soin sur la nappe blanche, et presse un commutateur pour éteindre les lampes.

Le feu dansant du foyer et des bougies pose des reflets orangés sur toute la pièce. Cette lumière irréelle et la chaleur enveloppante m'engourdissent. Je suis bien, physiquement et psychiquement.

Très vite, au plaisir de la saveur du premier cru supérieur de Sauternes se mêle celui des paroles d'Ingrid, faisant naître une douce euphorie. Nous nous parlons sans la moindre gêne et surtout avec une immense joie. Comme à l'occasion de belles retrouvailles.

Non seulement nous sommes au diapason sur tout ou presque tout, mais à plusieurs reprises, au moment où elle aborde une question, je suis sur le point de m'exprimer dans les mêmes termes.

Je lui ressers un verre de Château d'Yquem tandis qu'elle me contemple avec ses yeux rieurs. Si bien qu'en voyant Dilé nous apporter le dessert, je réalise que je n'ai aucun souvenir gustatif de l'entrée ni du plat principal, tant j'ai été absorbé par mon invitée.

Absorbé, le mot est faible. Fasciné et surpris tout à la fois. Nous n'avions jusqu'ici jamais eu ce type de discussion intime. J'en sais maintenant beaucoup plus sur elle. Je l'ignorais, mais il y a quelques années, malgré la sécurité et le confort matériels, elle était insatisfaite, inaccomplie, préoccupée, perdue et angoissée, en un mot « prisonnière d'une cage dorée », selon l'expression qu'elle a utilisée.

Je reste longtemps abasourdi par ce qu'elle vient de m'apprendre : face à son désarroi, elle a alors pris sa vie en main pour aller à la rencontre d'elle-même. Après un long travail d'introspection, aujourd'hui, elle se sent libre, heureuse et en accord avec son être.

— Notre rencontre n'a fait que confirmer mon épanouissement, me précise-t-elle encore. Avec toi, pour la première fois dans une histoire d'amour, j'ai conservé ma liberté d'être avec un très fort sentiment de gratitude pour la vie.

Elle est intarissable sur le sujet et j'ai plaisir à me taire pour la regarder et l'écouter. C'est tout simplement merveilleux. Elle poursuit, le regard humide :

— Je ne savais pas que l'amour pouvait être palpable à ce point-là. Avec toi, je me sentais comme protégée, tout le contraire de l'arrachement intérieur que j'éprouvais auparavant à force de ne pas vivre ma vie.

Je lui souris, elle est décidément très jolie. Mais une petite anxiété vient troubler ma quiétude. Elle a parlé de notre amour à l'imparfait. Serait-ce possible qu'elle ne m'aime plus comme avant ?

Je me lève doucement pour remettre une bûche dans le feu. Les flammes craquent joyeusement, faisant danser des ombres chinoises. J'ai soudain l'impression de me retrouver sur des charbons ardents, tenaillé par une sensation diffuse. Comme une pointe de jalousie. Les rôles seraient-ils en train de s'inverser ? Bizarre, tout de même.

Je savoure malgré tout, en silence, le gâteau au chocolat de Katell dont je suis si friand. C'est le moment que choisit Ingrid pour me prendre la main et me déclarer :

— Je vais te dire une chose, mon Skender. Je n'ai jamais eu d'yeux que pour toi, mais nous devons regarder tout ça avec du recul. C'est toi qui as raison. Je viens de réaliser que j'étais amoureuse pour la première fois, et peut-être l'étais-tu aussi ? Les premières amours sont paraît-il souvent difficiles à oublier. Elles sont auréolées de romantisme et de l'idée que l'autre va venir combler l'illusion de vide que l'on ressent en soi. Mais je sais désormais que pour être « entier », il faut avoir au préalable refermé son propre cercle ; savoir se suffire à soi-même, se rendre heureux seul. C'est à cette seule condition que nous pouvons rencontrer l'amour sans risquer d'aller puiser son énergie chez l'autre…

À ces mots, une brusque angoisse me contracte l'estomac, mes lèvres se dessèchent. J'ouvre la bouche sans pouvoir sortir un mot, éprouvant un choc sourd dans la poitrine à la hauteur du cœur. Je me ressers un verre de bordeaux tandis qu'Ingrid se lève pour découper deux parts de gâteau. À mon tour, je me mets debout. Glissant son bras sous le mien, elle approche ses lèvres de mon oreille :

- Attention au vin ! *darling*.

Je la regarde et m'absorbe, avec un frémissement de tout mon être, dans ses cheveux blonds savamment bouclés encadrant des yeux très clairs et des traits harmonieux. Je tente de l'embrasser, mais je suis maladroit, elle s'esquive. Nous nous rasseyons.

— Un épisode me revient : te souviens-tu de la fois où nous avions dîné avec les joueurs du Bayern après notre victoire à la finale de la Ligue des champions ? Gerd Vati avait beaucoup bu et m'avait demandé : « Comment fais-tu, vieux bandit, pour avoir une femme aussi belle ? » Et je lui avais répondu en me rengorgeant : « C'est ce que nous appelons en albanais "le petit os de la chauve-souris". » J'avais poursuivi : « Personne ne sait vraiment comment la chauve-souris peut voler. Elle a un petit os dans la clavicule dont on ne comprend pas le fonctionnement. Je ne suis plus très jeune, mais j'ai le petit os… » La vie ne devrait pas être aussi compliquée, rajoutai-je.

Ingrid s'agenouille près de ma chaise, lève les yeux vers mon visage, plonge son regard dans le mien, puis prend ma main et la caresse lentement.

— Je pense que l'amour sous toutes ses formes, à partir du moment où il s'agit d'un amour véritable, mérite d'être vécu. À toi de décider ce qu'est le véritable amour. Une fois que tu l'auras bien compris, tu n'auras plus à t'inquiéter de rien. Ce sera à toi de choisir ce que tu veux et de t'y tenir. Bon, il faut que je file.

Je suis tellement surpris que je ne cherche même pas à la retenir. Elle m'embrasse en me souhaitant bonne nuit et s'en va.

Je la regarde partir avec du vague à l'âme. Longtemps, je reste là à observer la flambée en train de pétiller. Un très long moment, je demeure comme pétrifié, regardant les flammes danser devant moi sans même les voir.

Avec étonnement, je constate combien l'estime de soi est fragile et dépend étroitement du regard de l'être aimé. Et combien quelques minutes magiques peuvent colorer intensément le quotidien.

25

La prière de Sélénoï…

Elle est adossée au tronc rugueux du ginkgo biloba et souffle à intervalles réguliers dans une immense corne de kudu, comme si toute la vie alentour en dépendait.

Son visage n'affiche aucune expression et ses yeux fixent un ailleurs dont elle est la seule à connaître l'existence. Absorbant la force du soleil levant, Sélénoï semble transportée sur une planète évoluant dans un lointain cosmos en quête d'une terre, propre à créer un présent idéal.

Peu à peu, elle entre en fusion avec l'esprit de l'arbre, au rythme des sons intérieurs de la corne animale. Visiblement insensible à la température quasi hivernale, elle porte en cape un tissu imprimé, chatoyant de mille couleurs différentes, que le soleil matinal enflamme de ses teintes chaudes.

Tout tend vers le ciel, le tronc, les mille rameaux de l'arbre qui semblent tirer leur sève d'en haut, la corne, le regard de Sélénoï.

Au sol, elle a tracé un cercle tout autour de l'arbre, et disposé au cœur de cet espace sacré une multitude de pierres de cristal de roche destinées, par leur rayonnement, à apporter une vibration d'amour. Elle pose la corne, se lève, déploie ses bras, ferme les yeux et prononce dans sa langue des origines de l'homme ces paroles à l'adresse de quelqu'un, mais de qui ?

« Que serait la terre sans l'arbre ? Sans ses fruits pour nourrir les hommes, sans son ombre pour les abriter, sans son bois pour chauffer leurs maisons. Que serait l'oiseau sans l'arbre ? L'arbre dans lequel il niche, t'invite par son chant à ouvrir tes ailes, à élever tes pensées.

« Aujourd'hui où tu ne prends pas le temps de découvrir qui tu es, tu éprouves un mal-être. Écoute ce que cet arbre te dit : "Tu es fait de chair et d'esprit. C'est en vivant en harmonie avec les deux que tu accompliras l'œuvre à laquelle chacun est appelé ici-bas et que tu accéderas au bien-être." Le ginkgo te dit : "Arrête-toi, écoute mon message et cesse d'avoir peur." »

26

PARC DES PRINCES, PARIS, MARDI 5 DÉCEMBRE…

Entre l'intérieur et l'extérieur, le changement de décor s'est opéré si brutalement que j'ai la sensation de m'être assoupi entre deux actes d'une représentation théâtrale. Alors que jusque-là, le ronflement lancinant du stade me parvenait de loin, dès que je pénètre sur la pelouse en dernière position dans la file, la surexcitation monte d'un cran, engendrant de fantastiques vibrations.

L'air que je respire est rempli de connivence avec le stade comble, et me transmet à travers les « Skender, Skender, Skender », scandés à l'unisson, la promesse d'un match héroïque à venir.

Zadok the Priest de Haendel se fait entendre, ou du moins la reprise imaginée par Tony Britten. L'hymne de la Ligue des champions. Les cris des spectateurs s'estompent, et l'émotion est palpable à mesure que l'assistance retient son souffle dans l'attente que quelque chose de grand se passe. J'en ai la chair de poule.

J'ai une pensée pour Ingrid. Où est-elle ? Je lui ai proposé d'assister à la rencontre depuis ma loge, mais comme d'habitude elle a refusé, préférant se mêler à la fièvre des supporters dans les tribunes.

Voir son *Schatzy* se mesurer dans la capitale française aux tenants du titre, mais surtout à l'armada de stars de mon ancien club, qui plus est pour certains d'entre eux mes coéquipiers à la Mannschaft[1].

Depuis notre dîner à la maison, elle a envahi mon esprit, et c'est nouveau pour moi. Elle a certes continué de m'appeler régulièrement, mais quelque chose a changé. Je ne la possède plus, je ne suis plus le maître du jeu. Possède-t-on jamais quelqu'un ? Jusqu'ici, j'avais le sentiment d'être la proie de sa jalousie. Et maintenant, tout me semble si différent. Me suis-je trompé ?

En un éclair, je me recentre sur le présent. Les joueurs du Bayern défilent devant moi pour me serrer la main et me souhaiter un « bon match ». Je suis ému et ne prononce à leur égard que deux petits mots, toujours les mêmes : « *Vielen Dank*[2] ». Sauf à l'adresse du Français Robert Ferrero qui me prend de haut et à qui je suis tout surpris de m'entendre répondre : « Que le meilleur gagne ! »

Depuis mon gros pépin de santé, qui m'a tenu éloigné des terrains durant plus de trois semaines, j'ai pris conscience de l'impact que peut avoir la bienveillance. Je repense au coach du PSG avec qui j'avais tant de mal à communiquer et qui, d'un coup, après sa visite à la clinique, a réchauffé sa relation avec moi, à moins que ce ne soit mon attitude d'ouverture à son égard qui ait changé son regard sur moi ?

Voici mon grand ami Gerd Vati, que je respecte énormément. Il ferme la marche de son équipe. Nous nous prenons avec connivence dans les bras l'un de l'autre. Il me lance : « Tu sais que je ne t'arrive pas à la cheville ? » Je lui réponds, droit dans les yeux : « Non, non, tu fais au moins ma taille ! » Rires, tapes, nouvelles accolades.

1. Équipe nationale d'Allemagne de football.
2. Merci beaucoup.

Les « Skender, Skender », « Tous avec Skender ! », « Ici, c'est Skender ! » redoublent. Je rejoins le rond central en courant. Nul signe de faiblesse d'ordre physique à l'horizon. Je n'ai plus qu'une idée en tête : faire une rentrée fracassante et par conséquent impressionner ma belle comtesse bavaroise pour compenser la sensation amère qu'elle est peut-être en train de m'échapper.

Respire par le ventre. Les quelques secondes qui précèdent le coup d'envoi, une conviction nouvelle s'impose m'insufflant une prodigieuse énergie : le football est un jeu simple, mais c'est moi qui le complique.

C'est parti. D'entrée, je sens mes amis bavarois complètement empruntés.

Angel, lui, a des ailes, et surtout une précision d'orfèvre dans ses passes. Il déclenche de loin une lumineuse ouverture par-dessus la défense bavaroise pour me mettre sur orbite.

Je ne rate pas une si belle occasion, et, du plat du pied, je crucifie le gardien Manuel Kemperer au point de penalty.

Comme dans un rêve. On joue depuis moins de soixante secondes. Le Parc chavire de bonheur, mon nom est chanté avec un mélange d'incrédule libération, de profonde sincérité et de pureté originelle. « Skender Murati, Murati, Murati ! Skender Murati, oh, oh, oh, ooooh ! » Le stade est devenu un être vivant. Il vibre d'un même élan, et communique à chacun, joueurs compris, son souffle vital.

Je ne me prive pas de l'associer à ma respiration, à tout l'amour que je porte en moi. Je reçois tant de ce public qu'il me tarde de lui rendre ce qu'il me donne, et bien plus encore.

Dans le virage ouest, une gigantesque bâche me représente, tandis qu'un peu partout fleurissent des calicots, des banderoles et des maillots floqués de mon numéro, le 9. L'hymne français est chanté à tue-tête, et je me sens intronisé, l'espace de cet instant qui vaut tout l'or du monde, citoyen d'honneur.

Les minutes qui suivent, le PSG est absolument irrésistible et secoue le Bayern dans tous les sens. Notre entame de match est impressionnante d'intensité et de discipline tactique.

J'élimine trois adversaires, entre dans la surface et arme mon tir. Mais, au dernier moment, Jordi Alonso exécute un tacle osé par-derrière et concède le corner.

Marco est parti le tirer. À sa façon qu'il a de balancer sa tête d'avant en arrière en m'adressant un petit signe de la main, je sais que le ballon va arriver au second poteau. Tirages de maillots, propos de cour d'école, ça s'agite de partout, mais, en pivotant sur moi-même, je parviens en une fraction de seconde à me dégager du marquage du capitaine allemand Philip Becker.

Je saute plus haut que lui, reste suspendu en l'air et catapulte le ballon au fond des filets. Simple, simple, trop simple ? PSG : 2 ; Bayern : 0.

À la demi-heure de jeu, la domination est toujours sans partage. Je n'ai pas vu le temps passer.

Je sollicite un une-deux sur la droite de la surface avec Emiliano Salvatori qui, pour éviter l'allemand Jos Rostok, me remet le ballon, en première intention, d'un subtil petit lob. À la retombée, je n'ai plus qu'à le pousser de la tête pour le 3-0. Il est refusé pour un hors-jeu plus qu'imaginaire, mais je ne proteste pas.

J'ai la tête ailleurs. Ingrid est-elle toujours amoureuse ? Elle est si jolie, tout le monde me l'envie. Et moi, est-ce que je l'aime vraiment, sincèrement, pas uniquement pour son apparence physique ? N'est-ce pas plutôt de l'orgueil de ma part maintenant qu'elle n'est plus à mes pieds comme j'en avais l'impression avant ?

Finalement, la pause est sifflée. Le public accompagne notre rentrée aux vestiaires par une ola endiablée et des applaudissements à tout rompre.

De retour sur le terrain, je me dis que mon ancienne équipe nous réserve forcément une surprise, qu'elle a revu sa partition.

En effet, le coach du Bayern a fait rentrer, en remplacement de Jordi Ocana, ce jeune Français formé au PSG dont tout le monde parle : Georges Finlette ! C'est la première fois que je croise sa route et je dois dire qu'il ne paie pas de mine. En apparence. Mais comme chacun sait, les apparences sont trompeuses. Tout cela ne me dit rien qui vaille.

Et en effet, dès que le jeu reprend, il cause à lui tout seul, par ses accélérations fulgurantes et ses dribbles déroutants, de gros soucis à notre défense.

Je suis maintenant contraint de descendre très bas pour récupérer des ballons d'attaque, tant mes partenaires sont devenus hagards, apathiques et sans projet face à ce nouveau scénario. Celui-ci devient très vite catastrophe quand le jeune Français, décalé sur la droite par Heinrich Forster, adresse un centre millimétré à mon ami Gerd qui reprend victorieusement de la tête. Consternation.

Les tribunes en ont pris un coup. À notre image, elles sont devenues d'une seconde à l'autre comme engourdies sous la douche froide. À l'évidence, le public ressent à présent toute son impuissance à nous venir en aide, à être notre « douzième homme ».

Que faire dans de telles circonstances sinon continuer de respirer par le ventre et être patient ?

Malheureusement, je n'ai guère longtemps à attendre avant que « l'Ouragan » Finlette, après avoir été passeur décisif sur le premier but allemand, double la mise et égalise dans un silence de cathédrale.

Il a facilement effacé le capitaine du PSG d'une feinte de frappe, avant d'ajuster Klaus comme dans un stand de tir.

Comment en sommes-nous arrivés à un tel point de médiocrité ?

Surtout, pas de panique. Que me dirait Mayiani dans un moment pareil ? « *Ne réfléchis pas au jeu, retrouve l'insouciance et le plaisir.* »

Je revois le surprenant tableau de cette peintre française Emma Sampil vu chez l'ambassadeur de Tanzanie. Des Maasaï empreints de belle énergie, assis à l'ombre d'un acacia, regardant passer sans la moindre crainte, à quelques mètres d'eux, un troupeau d'éléphants.

Spontanément, je dépose les valises de mes doutes au guichet de la Banque de l'Univers, comme je l'avais fait une fois avec succès lors d'un match, et demande à *Enk'Aï*, « La Déesse du Ciel » des Maasaï, de me guider, un sourire béat au coin des lèvres. Au point que je me sens subitement bien, comme requinqué.

Nous recommençons à trouver des espaces et à créer des décalages. Les Allemands reculent de plus en plus, comme si la peur avait de nouveau changé de camp. « Ici, c'est Paris » ; « Ici, c'est Skender ». La frénésie a réinvesti l'âme des supporters.

Je suis porté, transporté, catapulté. Le ballon colle à mes pieds, je joue facile. Bon signe.

Après une perte de balle d'un Allemand aux abords de notre surface, j'amorce à cent à l'heure un contre plein axe. J'entame une chevauchée fantastique comme je les aime.

Lancé à fond, je résiste à une charge d'Arania, puis, d'un crochet, j'efface Benitez dans le rond central, avant d'éliminer Jos Rostok d'un grand pont. Au milieu de trois Allemands revenus sur moi comme des désespérés, je fais une feinte de frappe devant le capitaine bavarois qui s'est jeté sur moi en vain, puis je décoche une frappe puissante du gauche aux abords des six mètres.

Kemperer est battu sur sa droite. Je ne sais pas ce qui me prend. Je fais la roue, une fois, deux fois, trois… Toute l'équipe me brise net : « Hat-trick[1] pour toi, ton premier en Ligue des champions… Trop fort, trop fort, trop incroyable… ! »

Je parviens finalement à m'extraire de la mêlée et me remets à courir le long de la ligne de touche pour saluer la foule en plein délire. Une irrésistible impulsion s'est propagée à l'ensemble de l'assistance.

Je ne réfléchis pas. Je joins mes deux mains en signe de cœur à l'adresse d'Ingrid, lui dédiant mon but.

Les spectateurs dressent leurs bras vers le ciel en perçant l'air de cris brefs et joyeux. Une éternité plus tard, la balle au centre, l'arbitre siffle la fin du match. L'ambiance est électrique. Je suis porté en triomphe par mes partenaires.

Dans ma loge, je retrouve Mayiani tout sourire, qui m'étreint à m'étouffer et, sans prononcer un mot, rajoute à mon majeur un anneau de perles d'un beau bleu outremer, le quatrième rang. Je l'interromps en le scrutant droit dans les yeux :

— Comment sais-tu que je le mérite ?

Il ne répond pas et continue de me sourire, imperturbable. Alors, c'est moi qui poursuis :

— J'ai éprouvé durant ce match fou un sentiment de grande sécurité. C'était fabuleux. Je m'en suis remis à un moment du match à *Enk'Aï*, et c'est sans doute Sa Volonté Divine qui m'a permis de vivre toute la seconde mi-temps dans une autre dimension, qu'en penses-tu ?

Il me tape dans le dos et se lance dans une magistrale démonstration :

1. Expression anglaise que l'on peut traduire en français par « le coup du chapeau », et qui désigne trois buts inscrits par un seul joueur au cours du même match.

— Souvent, on s'en remet à Dieu pour éviter de devoir travailler sur soi. Mais, je te rassure, cher Skender, pour toi, ce ne fut pas le cas. Tu as été cocréateur, c'est pour ça qu'*Enk'Aï* a pu t'écouter et te faire accéder à Ce-Qui-Est, sans effort. Ce qui « Est » est la Vérité, la seule, tout le reste n'est qu'évasion. Vivre l'instant présent est bien plus que de décider d'être dans l'« ici et maintenant », c'est avant tout se sentir en harmonie profonde avec *Enk'Aï*, quels que soient le lieu, l'heure et la manière. Les Maasaï disent alors qu'ils vivent dans l'état magique de *Tena Kata : « Être au cœur de ce qui est »*. Tu as découvert sans le chercher l'un de nos plus grands principes universels, qui constitue désormais ta quatrième clé remportée dans la quête du bonheur. Nous avons un magnifique proverbe pour l'expliciter : *Merrumoroyu ene Nkaï tendakule*, à savoir : « Tu ne peux pas presser la Déesse en lui donnant un coup de coude ! » Ce qui veut dire que la patience vient à bout de toutes les difficultés. Certes, mais surtout ceci : pour comprendre Ce-Qui-Est, il ne faut pas être distrait ou faire des efforts, ce qui revient à la même chose. Si tu veux comprendre ce que je te dis, tu ne peux pas en même temps écouter les conversations des autres. Tu dois m'accorder toute ton attention. La pensée de beaucoup de gens est devenue une distraction. Il devient donc extrêmement difficile pour eux de percevoir Ce-Qui-Est. Ils ne peuvent plus le comprendre, leur esprit est bien trop préoccupé par le passé, le futur, fuyant dans toutes les directions, impatient. Or, sans cette compréhension, la vie n'a aucun sens. Elle n'est qu'une guerre permanente, où la dualité, la douleur et la souffrance se perpétuent. Ils en sont réduits à ne plus regarder la vie qu'à travers les lunettes de leurs préjugés et de leurs identifications. Être conscient de Ce-Qui-Est nous révèle, comme tu viens d'en faire l'expérience, les profondeurs de la Vie dans lesquelles se trouvent la joie, le bonheur et la seule Réalité. À présent que tu as ressenti Ce-Qui-Est au plus intime de toi, tu n'auras plus jamais d'effort à faire pour le retrouver.

J'ai la bouche sèche en voyant l'heure.

— Bon sang, je dois filer. On m'attend en zone mixte pour des interviews.

— À propos ! Tu as déjà fait un tiers du chemin, me lance-t-il en éclatant de rire comme un enfant.

27

LE MÊME MATCH VÉCU DEPUIS LES TRIBUNES...

Tandis que les tribunes Auteuil et Boulogne rivalisaient de « Ici, c'est Paris », « Ici, c'est Skender » à vous donner la chair de poule, la comtesse Ingrid von Brisbach n'était pas en reste.

Elle s'était installée dans le virage Auteuil parmi les supporters réputés les plus chauds du club parisien. Ne s'étant pas encore assise une seule fois depuis le début de la rencontre, elle passait son temps à sauter sur place et à s'époumoner comme ses voisins surexcités sans comprendre un traître mot de leurs chants.

Ingrid tentait d'entrevoir quelque chose du match, dans l'incessant ballet des drapeaux bleu et rouge agités autour d'elle avec frénésie. Mais, ce n'était pas un but. L'important, c'était ce qu'elle ressentait en de telles occasions. Et là, nul besoin d'instrument de mesure pour lui confirmer combien elle aimait son *Schatzy*.

Si, à Munich déjà, elle avait pris goût à assister aux matchs ; à Paris, ville de l'amour par excellence, elle avait franchi un cap, pensa-t-elle, celui de l'extase.

À la mi-temps, elle avait continué de se mettre à l'unisson. Elle était allée à la buvette et, comme tout le monde, avait fait la queue pour s'acheter une bière et une saucisse-frites. Elle en avait éprouvé un réel plaisir, celui de partager un instant de pure allégresse. Tout simplement. À aucun moment, elle n'avait eu peur d'être prise pour une « ennemie », infiltrée dans l'autre camp.

Cela ne l'avait même pas effleurée. Pour elle, le football n'était pas une guerre de tranchées. Et puis, son Skender n'avait-il pas été la star du Bayern avant de devenir celle du Paris Saint-Germain ? Elle aurait voulu crier sur tous les toits de ce stade mythique : « Skender est un homme merveilleux ! »

Les supporters n'avaient d'yeux que pour leurs idoles en train d'en découdre sur le terrain. Et parmi elles, porté au pinacle, il y avait l'amour de sa vie. Elle leur en était si reconnaissante qu'en cet instant béni ils faisaient tous partie de sa famille. Elle les aurait bien pris dans ses bras, pour leur témoigner de sa tendresse sans réserve.

Après une première mi-temps jouée sur un rythme de folie par les Parisiens, avec à la clé deux superbes buts de Skender, l'ambiance n'était plus à l'euphorie depuis que ses compatriotes avaient égalisé à la surprise générale. Mais elle était soulagée, car le génie du numéro 9 de Paris avait refait surface depuis une dizaine de minutes, et, en écho à ses prises de balle sidérantes, les chants avaient repris de plus belle.

Lorsque monsieur Murati élimina tout en finesse deux défenseurs en exécutant un double contact, « Ici, c'est Paris » se transforma soudain en « Ici, c'est Skender » qu'Ingrid ne fut pas la dernière à entonner. Elle avait tant crié qu'à présent, elle avait beau ouvrir la bouche, plus aucun son n'en sortait. Elle était complètement aphone.

Mais ce n'était pas grave. Elle vivait ce moment avec une telle intensité que rien ne pouvait l'atteindre. Le râteau de Skender pour éliminer trois Bavarois dans l'espace d'une cabine téléphonique, suivi d'une roulette et du coup du sombrero eurent raison de ses derniers doutes.

Skender avait bien repris du service. Il avait retrouvé son génie, et Ingrid le sourire.

Tout à coup, après avoir regardé Klaus Klump relancer au pied loin devant, elle ne vit plus rien que des dos de supporters montés sur leurs sièges et retenant leur souffle. Un quart de seconde, une éternité.

Le temps pour la comtesse allemande de grimper elle aussi sur son siège et de se perdre dans la reprise merveilleuse, comme au ralenti, de son *Schatzy*, percutant le poteau droit de Manuel Kemperer. Tout le Parc était debout, porté à incandescence.

Ingrid frissonnait. Elle était dans un état d'excitation tel qu'elle pivota, tournant soudain le dos à la pelouse, attira son voisin à elle, lui prenant la main. Puis elle s'appuya contre lui comme pour chercher un réconfort. Elle ne s'en détacha que lorsqu'un vrombissement de dépit s'éleva des tribunes, traduisant le fait qu'une nouvelle occasion de prendre l'avantage venait de s'envoler.

La comtesse s'attarda un court instant, côté opposé, sur l'horloge du stade. Il y aurait certainement au moins cinq minutes de temps additionnel, se dit-elle pour se rassurer. Ses longs cheveux s'étaient détachés, et voletaient dans le vent. Au fond d'elle, elle savait que les Parisiens ne pouvaient que l'emporter.

Il n'empêche qu'en cette fin de match, une terrible fébrilité s'était emparée de son esprit et de ses nerfs. Pour la énième fois, le chant « guerrier » du PSG s'éleva des travées, mais jamais il n'avait été aussi fort, comme s'il annonçait l'estocade du Bayern.

La *Gräfin* prononça les paroles de la chanson, par imitation à défaut de les comprendre : « Ô Ville lumière, sens la chaleur de notre cœur, vois-tu notre ferveur quand nous marchons près de toi ?… Dans cette quête, chasser l'ennemi enfin pour que nos couleurs brillent encore !… »

Le chant se mua en un « Ici, c'est Skender » poussé à pleins poumons par près de cinquante mille spectateurs, accompagnant l'action époustouflante de leur avant-centre fétiche. Balle au pied, Skender remontait tout le terrain à grandes enjambées, alternant crochets, dribbles et grand pont avant de parachever sa chorégraphie d'une frappe puissante. Le but était si attendu et si improbable que les supporters, Ingrid comprise, mirent quelques fractions de seconde à réaliser que le PSG venait très certainement de battre la machine bien huilée des Allemands, les tenants du titre. Ingrid sauta sur place et étreignit ses voisins un à un. La paix et non la guerre, n'était-ce pas avant tout, cela, le football ?

Quand la comtesse vit nettement le numéro 9 former un cœur avec ses mains et se tourner vers les tribunes, elle sut qu'il lui était adressé. Ses yeux s'emplirent de larmes. Des larmes de joie, d'amour et de bonheur qui portèrent son exaltation à son paroxysme.

28

QUELQUES JOURS PLUS TARD...

Les caresses du feu me font du bien. J'écoute comme dans un rêve la voix envoûtante de la chanteuse Peia, dans un morceau intitulé *Machi*.

Cela fait plus d'un mois que Mayiani m'a posté le CD. Un mot l'accompagnait, je le relis :

« Écoute simplement. Elle a fait de sa voix un véritable instrument et introduit une vibration de guérison dans toutes ses chansons... Elle chante les *Machi,* femmes-médecine chez les Mapuche, "peuple de la Terre" chilien pratiquant le culte des Esprits de la Nature. Elle te fera vibrer au son de sa voix si particulière, connectée à l'énergie de la Terre-Mère... Que la lumière soit au fond de toi. »

Porté par ces sons venus des profondeurs, qui font monter en moi un puissant sentiment d'amour inconditionnel, j'ouvre alors mon ordinateur et découvre la suite de la prose d'Hildegard, qui flatte avantageusement mon ego :

« Ce félin à l'allure chaloupée sait se faire oublier l'espace d'une mi-temps. Il ne semble plus du tout intéressé par le match en cours. Mais gare au réveil du fauve. Il se déchaîne alors, déploie toutes les facettes de son talent et fait souffrir toute une défense par ses feintes, ses démarrages et son jeu sans ballon qui le voit se propulser aux quatre coins du terrain... »

Je laisse échapper un petit rire, presque gêné. Hildegard s'est surpassée, pensé-je en refermant mon ordinateur, tout en ressentant une sorte d'embarras.

Je reste un instant dans le silence puis, sans que je sache ce qui me prend, je me rends de façon impérieuse dans ma chambre pour entrouvrir ma précieuse valise. J'y ai rassemblé les souvenirs de mes dix premières années. J'en extrais un gros cahier à la couverture noire cartonnée et aux coins rouges en forme de petits triangles.

Sans plus attendre, je l'emporte et reviens m'installer dans un fauteuil club du grand salon. Mes mains tremblent.

Je feuillette les premières pages jaunies et m'absorbe dans la lecture du journal de mon père. Je me mords légèrement les lèvres. Quelques instants plus tard, mes yeux se brouillent. J'essuie une larme qui perle le long de ma joue, au moment où retentit la sonnerie de mon téléphone.

— Mayiani à l'appareil, je ne te dérange pas ?

— C'est drôle, je pensais justement à toi en écoutant les chants des *Machi*, que tu m'as envoyés.

— Peia a une voix qui te prend aux tripes, tu ne trouves pas ?

— J'adore, je suis sous le charme, vraiment.

— C'est naturel. C'est parce qu'elle nous relie à la grande chaîne circulaire de la vie. L'objectif d'une telle musique est que nous ressentions notre force, et que nous soyons en liaison avec toutes les créatures éveillées.

Je me rassois dans mon fauteuil que j'éloigne de la cheminée, j'ai soudain trop chaud.

— Il neige, il neige, je te jure qu'il neige à Montmartre. Quel spectacle ! Tu devrais venir.

— Je t'appelle de chez moi en Touraine, et c'est tout blanc aussi depuis deux jours.

— Génial, alors c'est moi qui vais venir. J'adore la neige ; pour moi, c'est l'enfance ou encore la magie de Noël.

— Ça illustre précisément ce que cherche à rendre cette chanteuse : la magie de la vie. Pour elle, les peuples premiers avaient inventé l'art de vivre ensemble. Par jalousie de l'avoir perdue, ou par ignorance, l'Occident a voulu détruire cette harmonie et rendre la Terre plate. « Dans l'univers, tout est rond », chante-t-elle. Le cercle nous rappelle que nous sommes tous connectés à un même point central. Le centre, c'est la clé !

En voyant les flocons commencer à tenir sur mon balcon, je n'ai qu'une hâte : ouvrir la porte-fenêtre et faire des boules de neige.

— Skender ! Tu es toujours là ?

— Oui, oui. Continue.

Je l'écoute à peine tant je suis absorbé par la chorégraphie tout en légèreté des petites sphères blanches qui grossissent à vue d'œil. Je suis émerveillé. Par la neige ? Par la mélodie unique de Peia ? Mais le ton soudain très ferme de mon petit frère maasaï me ramène à ses paroles :

— Ce que je cherche à te dire, mon cher numéro 9, c'est que si tu t'obstines à te mettre dans le rang, dans la ligne droite derrière les autres, par nécessité et sans amour, tu n'atteindras jamais le centre.

Silence…

— Je veux dire ton centre, car tu demeureras dans la confusion en sachant que le lien peut être rompu à tout moment. Tu saisis ?

— À vrai dire, je trouve ce que tu exprimes très beau, mais concrètement je nage un peu…

Je suis surtout bercé comme un bienheureux, comme un bébé, à l'écoute du feu qui craque, qui crépite, à la vue si paisible des flocons virevoltants. Tellement rare que je me sente aussi bien.

C'est cela qui, pour moi, en cet instant, compte le plus. Toutes les explications du monde passent après, mais je ne veux pas le froisser.

— Je te demande de méditer, de penser à tout ceci, ce ne sont pas des paroles en l'air, ce sont juste des lois immuables créées par la nature depuis la nuit des temps, et elles ne sont pas près de changer.

— Et pourquoi donc ?

— Pourquoi quoi ?

— Pourquoi ça devrait marcher aussi bien que tu le dis ?

— Tout simplement parce que tu auras arrêté de te torturer les méninges pour rien et que tu auras fait confiance à l'univers, à la nature, qui, seuls, savent ce qui est censé arriver. Parce qu'apaisé, tu auras définitivement acquis une attitude positive face aux événements. Parce que tu ne vivras plus avec la peur au ventre, qui t'aspire irrésistiblement dans une spirale négative, t'ôtant tout espoir jusqu'à t'annihiler.

— J'aimerais tant te croire…

— Ce n'est pas moi que tu dois croire, je n'y suis pour rien, ce sont des lois universelles, supérieures aux hommes, que tu dois intégrer dans chacune de tes cellules. Rien de plus facile, c'est en toi, tu n'as qu'à l'accepter et agir en conséquence. Ce n'est pas comme en sciences où l'on doit mettre toute son énergie à analyser et à prouver les choses. Crois-moi, ta transformation t'apportera de façon durable la joie dans tes relations avec le reste de l'équipe, ce qui te rendra pleinement heureux. Match après match, tu n'auras plus l'impression d'être sur une autre planète, parce que tu auras choisi de vivre chaque partie au cœur du cercle, par conséquent centré, enraciné et équilibré.

29

New York, 20 décembre…

Quelle idée leur est passée par la tête ? Nous jouons sur le toit d'un building, vue dégagée sur Manhattan, pour tourner un spot publicitaire. Je suis frigorifié et ne me sens pas très bien. Depuis deux jours, j'ai l'impression de faire le guignol avec le reste de l'équipe du PSG.

Tout cela pour de la publicité. Ce petit saut de l'autre côté de l'Atlantique était censé nous faire une coupure et je constate que c'est le contraire. Ici, je me sens davantage sollicité qu'à Paris, mais ce qui me contrarie le plus, c'est l'éloignement d'Ingrid au moment où j'ai tant besoin d'elle.

Je n'arrive même plus à l'avoir au téléphone. Pas de réseau. Quelle idée d'être partie au Kenya quasiment du jour au lendemain ? Quelle idée ai-je eue surtout de la présenter à Mayiani ? Il n'a eu qu'à joindre son cousin qui tient un écolodge, et l'affaire était pliée. Il organise des séjours « initiatiques » dans une forêt primaire, magique paraît-il, à la frontière entre le Kenya et la Tanzanie. Comment se nomme-t-elle déjà ? Ah oui ! La Forêt-de-l'Enfant-Perdu, quelque chose comme ça.

J'essaie de l'imaginer dans cette aventure, sans grand confort et avec le « Big Five[1] » autour d'elle. J'espère au moins qu'elle

1. Expression anglaise qui traduit, pour un touriste, la rencontre lors d'un même safari des cinq animaux sauvages majeurs que sont le lion, le léopard, le buffle, le rhinocéros et l'éléphant.

a chaussé des Nike et non ses éternels escarpins de luxe à hauts talons. Pas pratique quand un lion vous court après ! Cette pensée me redonne du peps. Je visualise la pub de l'équipementier américain pour lequel nous jouons aujourd'hui sur ce toit de m.

Au lieu d'être sur le *rooftop* d'un immeuble branché de Brooklyn comme maintenant, nous serions dans la savane africaine, à nous faire des passes, avec les félins pour spectateurs. « Vous portez des chaussures Nike, jouez sans crainte ! »

Sauf qu'ici, nous affrontons cinq jeunes de Seine-et-Marne sélectionnés *via* le réseau social de Nike sur Smartphone. Ce n'est pas tout à fait pareil.

« Non, non, non, Skender, tu n'y es pas ! Mets-y du cœur, souris… Allez, on reprend. » Il m'énerve, il m'énerve, mais qu'il m'énerve. Avec ce réalisateur imbu de lui-même, il faut reprendre chaque action plus d'une dizaine de fois avant qu'elle ne soit validée. Mais pour qui se prend-il pour me parler avec une telle arrogance ? Je ne sais pas ce qui me retient de lui mettre mon poing sur la g.

« *Du calme, du calme, mon Skender ! Respire par le ventre.* » En fait, c'est lui qui a raison. Je n'y suis absolument pas et j'ai l'impression de me retrouver à la case départ. Comme si toutes les leçons que j'avais apprises depuis ma rencontre avec Mayiani s'étaient volatilisées d'un seul coup.

Un profond dégoût de tout et une grande fébrilité se sont sournoisement réinvités à ma table. Je suis envahi par la peur viscérale que mes douleurs atroces au ventre ne reprennent du service.

Klaus, qui a dû le sentir, vient vers moi et me taquine :

— Une dernière prise et c'est fini. Tu vois cette balle de base-ball aux coutures fatiguées par le temps ? me fait-il en la soupesant comme un trésor.

— Oui et alors ?

— Alors ? Tu plaisantes ! Ça, c'est une vraie, pas celles qu'on trouve en France, se targue-t-il. Elle est à toi si tu me fais ton beau sourire, celui que tu arbores quand tu viens de marquer.

Sur un ton un peu blasé, façon locale, je lui lance :

— *OK, man !* La seconde d'après, je dribble un, deux, trois jeunes, et shoote avec rage dans le mini-but, soulevant des « Ohhh » émerveillés parmi les invités triés sur le volet. J'ai un moment cru que la balle allait s'envoler et atterrir de l'autre côté sur le toit de la cathédrale Saint-Patrick.

— *This is the end !*

— La fin de quoi ?

— Du clip. Votre job s'arrête là. C'est dans la boîte...

Je pousse un « ouf » de soulagement. Je n'y croyais plus tant cette séance m'a paru interminable...

Amphithéâtre de huit cents places archi-comble...

Il est dix-sept heures lorsque débute une conférence de presse qui m'est dédiée, le reste de l'équipe intéressant visiblement beaucoup moins les médias américains. Au premier rang, deux immenses vedettes de football américain, de l'équipe des Carolina Panthers, sont venues m'écouter.

Ma lassitude n'a fait que croître depuis ce matin. Malgré la demi-heure passée sous une douche brûlante dans ma suite de l'hôtel Saint-Régis, je n'ai pas retrouvé la volupté qui était mienne il y a encore une semaine. Est-ce parce que toutes les nuits je fais de nouveau des cauchemars ? Toujours est-il que je suis contraint de revenir aux bonnes vieilles méthodes du paraître, et je parade tout sourire, qui plus est dans la langue de la mondialisation que je maîtrise plus ou moins : « Avec deux joueurs des Panthers, comme Tre Boston et Josh Norman, dans notre défense, on ne prendrait pas de but. »

Le charme opère aussitôt, et la salle est en liesse. Puis, les questions fusent de tous les côtés. Un jeune homme, trois rangées derrière les footballeurs américains, se lève et m'interpelle. Il est habillé d'un costume sombre, mettant en valeur une cravate aux couleurs du drapeau national, et porte des lunettes sans monture. Il me fait penser à un prêcheur protestant ou encore à un présentateur de télévision.

— Jack Russell de *Sports Illustrated.* Monsieur Murati, vous êtes une immense vedette, même ici où le *soccer* n'a pas encore rattrapé le football américain. Mais beaucoup de nos concitoyens s'interrogent sur les raisons qui vous ont poussé à quitter le prestigieux Bayern de Munich. Pouvez-vous nous les donner ?

— Vous savez, ce club restera dans mon cœur pour le restant de ma vie. Dans le football moderne, lorsque vous avez vingt-cinq ans, comme c'est mon cas, c'est-à-dire que vous en êtes à la moitié, j'entends de ma carrière sportive (rires), vous êtes forcément excité à l'idée de relever de nouveaux défis. Si bien que lorsque les dirigeants du Paris Saint-Germain m'ont contacté et m'ont parlé de leur ambition de devenir le plus grand club du monde, je me suis dit : « Pourquoi pas !... »

Le prêcheur m'interrompt sur un ton faussement enjôleur, plus sûrement moralisateur :

— C'est compréhensible, bien sûr. Mais n'était-ce pas aussi une façon de fuir votre passé ?

— Fuir mon passé ? Mais de quoi parlez-vous ? Je sens la moutarde me monter au nez.

— Je parle de votre terrible histoire au Kosovo, où vous avez grandi, et de votre accueil en Allemagne, avec votre mère, alors que vous n'étiez encore qu'un petit garçon. Et je comprends fort bien que l'on veuille tirer un trait sur tout cela.

— Tout cela, quoi ?

Je suis hors de moi et n'arrive pas à me contrôler. Mes mots deviennent durs et je m'emballe. J'ai la rage :

— Qui êtes-vous pour me donner des leçons sur ma vie privée ? Je me lève, prêt à en découdre.

— Calmez-vous, monsieur Murati, calmez-vous. Je suis désolé. Je n'ai pas voulu vous froisser.

— Désolé ? Mais ça change quoi ? Croyez-vous que j'ai besoin de fuir, comme vous dites, pour marquer des buts ? Et puis, encore une fois, ça ne vous regarde pas ! Discussion close.

En me taisant, je prends conscience de l'épais silence qui s'est subitement abattu sur la salle pourtant bondée. Au point que j'entends mon cœur battre à tout rompre dans ma poitrine. Je me rassois, épuisé. Les images du Kosovo se mélangent dans ma tête.

Un homme corpulent s'est levé à son tour et me parle sur un ton apaisant qui me fait recouvrer une partie de mon calme :

— Julian Robert. Je suis…

Quelqu'un se précipite pour lui donner un autre micro car le sien grésille. Il recommence, à l'évidence très mal à l'aise après ce qui vient de se passer :

— Oui, je disais, euh ! Je suis le président du PSG Fan Club de New York et également journaliste sportif free-lance. Je suis tellement heureux de vous parler. Vous êtes pour moi le plus grand buteur de tous les temps.

Il n'y va pas avec le dos de la cuillère, lui au moins, pensé-je. Je retrouve le sourire. Il me plaît bien, ce Julian !

— Merci à vous. Quelle est votre question ?

— Je voudrais juste savoir si vous vous plaisez dans votre nouveau club et si votre vie à Paris vous convient.

À question simple, réponse simple, un peu simpliste peut-être mais claire. J'ai hâte de retrouver ma suite pour tenter de joindre Ingrid, en espérant qu'elle n'est pas devenue l'enfant de la légende maasaï de la forêt !

— Je me plais beaucoup à Paris et le PSG m'a fort bien accueilli.

30

Dans la Forêt-de-l'Enfant-Perdu, au Kenya...

Dans l'air frais du matin s'exhalent des notes subtilement parfumées. La comtesse Ingrid von Brisbach éprouve un merveilleux sentiment de détente. Elle a une folle envie de chanter. Au-dessus d'elle, des colobes, magnifiques singes noir et blanc, virevoltent de branche en branche à la cime d'arbres gigantesques où flottent dans le vent des rubans de mousse ivoirine.

Tout en marchant d'un bon pas, elle contemple le paysage, le corps léger, emplie de sérénité et de joie profonde. Le sentier où elle se trouve serpente au cœur d'un fouillis végétal d'une grande beauté. À ses côtés, un homme singulier aux longues jambes d'une extrême finesse qui lui donnent une démarche aérienne.

Prenant appui sur un bâton blanc de berger, vêtu d'une grande cape en laine bleue, cet homme, d'une taille hors du commun, lui communique d'une certaine manière sa chaleur, son énergie, son souffle, afin de dédramatiser ses peurs. Malgré l'omniprésence de la faune sauvage, la comtesse est stupéfaite d'éprouver un si grand calme. Les yeux de ce Maasaï intemporel, perchés à plus de deux mètres au-dessus du sol, la fixent avec tendresse.

Il lui fait penser à un « arbre qui marche ». Elle mesure la chance unique d'avoir été choisie par l'un des plus illustres descendants de la lignée des prophètes maasaï pour l'accompagner dans cette marche. Au loin, au-delà de la forêt vierge et de coulées d'herbe blonde, elle entrevoit, en s'extasiant comme une enfant, les cônes étincelants de volcans.

Ils montent puis descendent une succession de collines couvertes de taches ambrées formées par une invraisemblable variété d'arbustes florifères. Le silence, parfois interrompu par le cri inhabituel d'un oiseau, est d'une telle intensité qu'il donne à Ingrid le désir d'y demeurer plongée pour l'éternité.

Après avoir contourné une zone de marais, l'« arbre qui marche » désigne à la jeune femme, en contrebas d'une butte, plusieurs cassiers fouettés par le vent. Elle comprend : « C'est là que nous allons ! » Ils s'enfoncent profondément dans la Forêt-de-l'Enfant-Perdu avec un bel enthousiasme. À l'image de l'homme, les arbres sont démesurément grands.

À sa demande, ils s'adossent à l'énorme fût d'un ficus thonningii d'où descendent une multitude de racines aériennes. Ils se tiennent les mains sans prononcer un mot. Puis, il fait un geste énigmatique en direction de la canopée. Des bancs de brume s'accrochent çà et là à ses branches supérieures.

— Sais-tu que cet arbre a au moins quatre mille ans ? Pour nous, les Maasaï, c'est l'arbre le plus sacré qui soit. Son rôle est vital. Il filtre la lumière, protégeant ainsi des milliers de plantes tropicales en dessous. C'est aussi ici que je ressens le plus le lien qui unit le Ciel et la Terre, ici que je viens me recueillir pour recevoir les révélations de notre Déesse *Enk'Aï*.

Il dénoue une cordelette autour de son cou pour libérer une minuscule calebasse dont il ôte le couvercle. Il y plonge l'index de sa main droite afin de décorer le visage d'Ingrid de son contenu, une sorte de teinture moulue d'argile ocre. Il trace délicatement du bout de son doigt, sur son front, ses joues, son menton et même son cou, lignes, courbes, motifs et dessins géométriques complexes.

Puis, il pose la paume de sa main droite sur le sommet de son crâne, comme pour la bénir. La jeune femme sent monter en elle un bonheur simple dont elle s'enivre sans réfléchir. Alors, il s'enquiert sans détour du sens qu'elle donne à sa vie. Sa question très intime la plonge de prime abord dans une grande perplexité, mais le rayonnement de son interlocuteur est tel qu'elle répond spontanément, en confiance :

— J'ai tant d'amour à donner que c'est cela le sens que je veux donner à ma vie. C'est juste que les turbulences du monde actuel sèment encore parfois la confusion dans mon esprit.

Après un temps infini, les quelques mots qu'il prononce en guise de réponse lui font l'effet d'une délivrance :

— Il n'existe pour cet arbre aucune loi naturelle de décrépitude, aucun processus de vieillissement susceptible de porter atteinte à la vitalité de ses cellules. Il en va de même pour chaque être humain, à condition de demeurer relié à tout l'amour qui est en lui.

L'homme-médecine s'est levé. Il parle sans apprêt, totalement sensoriel, à l'écoute attentive de cette nature éternelle. Et à le voir rempli d'un tel souffle, Ingrid ne peut que le croire sur parole.

— À chaque instant, j'ai des pensées d'amour parce que je sais qu'elles engendrent la beauté appelée « jeunesse », s'exclame-t-il comme pour ôter à la comtesse les doutes qu'elle pourrait encore avoir.

Il fait sombre à l'ombre de cet arbre géant, et pourtant Ingrid se sent comme enveloppée par une douce lumière. Le gardien de la forêt la sonde du regard, puis lui demande de se lever à son tour et de prendre place à ses côtés, en se positionnant comme lui dans un corps-à-corps sensuel avec le tronc sacré.

— Écoute le cœur de l'arbre ! lui dit-il en effleurant le bout de ses doigts. Te sens-tu reliée à la joyeuse paix de son esprit ?

Elle constate en effet que non seulement son attitude mentale s'est mise en veille, mais aussi que son corps a encore gagné en tonus.

— La jeunesse est une graine d'amour plantée par notre Déesse-Mère à tous, *Enk'Aï*, fais-en bon usage, enchaîne-t-il.

Elle hoche la tête tandis qu'il la prend dans ses bras et lui glisse comme une confidence :

— La paix dans ton corps, dans ton esprit et sur cette terre, c'est la même chose !

Décidément, il émane de lui une lumière de plus en plus étrange. Ils se rassoient. Plus Ingrid contemple le ficus fièrement élancé vers le ciel, plus elle admire ses formes et ses couleurs, et plus elle se sent légère, en parfaite harmonie. Le vénérable Maasaï lui serre les épaules avec une tendresse extrême et lui révèle :

— Si je t'ai emmenée seule aujourd'hui, en dehors du groupe, c'est parce que je dois t'avouer un grand secret qui peut bouleverser ta vie.

La comtesse est à peine surprise. Et elle se met à rire à gorge déployée.

Nullement décontenancé, il poursuit, en plissant les yeux dans une attitude contemplative :

— Tu es parfois dans le doute parce que ton homme te fuit sans cesse. Il t'a quittée un jour, mais aujourd'hui qu'il est revenu vers toi, il ne sait plus où il en est. Il joue avec toi comme on joue avec une balle.

— Oui, il est footballeur.

— Je sais. Il est même très bon.

Ingrid a un choc au cœur.

— Vous le connaissez ?

— Disons que rien ne m'échappe vraiment lorsque la Vérité est en jeu.

— De quelle vérité parlez-vous ?

— Il n'y en a qu'une, celle de l'Amour.

— M'aime-t-il ?

— Tout est bien, tout ira bien. Grâce à tout l'amour que tu nourris en permanence pour la vie, pour toi, pour l'ensemble de la Création, et donc pour lui, il va finir par se détendre. Il va bientôt guérir de ses blessures et devenir un homme tout à fait remarquable.

Le Maasaï lui masse à présent les cervicales et c'est délicieux. Il lui répond comme une évidence :

— Ne gaspille pas ton temps à te préoccuper de ce qu'il pense de toi, ni à te questionner inutilement sur la réalité de votre amour. Sache juste que vous êtes des partenaires complémentaires. Relie-toi à lui en réintégrant le cercle. C'est parce qu'un temps vous vous êtes mis dans le rang, en ligne droite, l'un derrière l'autre, qu'il y a eu la perte du lien et que vous n'avez eu de cesse de vous dégager l'un de l'autre. Or, vous ne pouvez pas être complémentaires si vous êtes séparés, si vous vous sentez loin l'un de l'autre. Vous devez vivre en constituant une paire, à l'écoute des lois immuables du cosmos, comme le Soleil et la Lune, qui poursuivent inlassablement leurs tâches complémentaires : chacun agit à égalité et en parfaite harmonie. Dans le cercle, vous vous apprécierez et vous vous sentirez tellement forts... Ce n'est pas quelque chose que l'on cherche à avoir, c'est tout ce qu'il y a de plus naturel, ça provient de l'intérieur de nous. C'est la conséquence de l'Amour. Impossible de tricher.

Seconde partie

… *À la Lumière*

Kinder olemodaï pee kintoki olengeno.

« Nous commençons par être fougueux,
puis l'expérience nous apporte la Sagesse ! »

Proverbe maasaï

31

Au Pré-en-Joie, en Touraine, 24 décembre…

Au terme d'une conversation animée, Mayiani m'a convaincu de profiter de ces trois jours de repos pour partir au Kosovo, le jour de Noël. De la pure folie selon moi ! Il m'accompagnera.

Pour l'heure, je suis engourdi de bien-être dans la maison pleine de charme de ses parents. La pièce où je me trouve dispose d'un haut plafond à caissons, et des bûches brûlent dans une gigantesque cheminée. Les murs ont été blanchis à la chaux. Deux canapés et des fauteuils chesterfield sont recouverts de la même grosse serge blanche dont sont faits les doubles rideaux, et des tapis blancs sont posés çà et là sur le parquet ciré.

Les seules notes de couleur vive sont apportées par les tableaux et les plantes vertes. Un peu comme chez moi.

J'ai à peine eu le temps d'arriver de New York qu'il m'a invité à venir passer la veillée de Noël en famille. Réticent lorsqu'il me l'a proposé, je ne regrette pas d'être venu. De toute façon qu'aurais-je fait sinon ? Ma petite mère ayant refusé tout net que je prenne un nouvel avion pour Munich, pensant à ma fatigue accumulée ; et étant toujours sans nouvelles d'Ingrid…

L'odeur de forêt imprègne la maison. Un majestueux sapin norvégien trône entre la salle à manger et le salon. Il est recouvert de somptueuses boules rouges qui reflètent les lumières dorées de la pièce. Je n'en ai jamais vu d'aussi beau. Le repas de réveillon vient de s'achever avec la distribution des cadeaux.

Je suis soulagé à l'idée de m'être arrêté rue Saint-Honoré pour acheter parfums et chocolats, ainsi qu'un bouquet de roses blanches pour la maman. Quant à mon « jeune homme-médecine », j'ai eu l'audace de lui offrir ma mosaïque très colorée de petits tableaux représentant des arbres.

Bien m'en a pris car j'ai moi-même été particulièrement gâté. « Son Excellence » m'a offert l'incroyable tableau d'Emma Sampil, intitulé *Crépuscule*. En l'accompagnant de cette phrase : « Un crépuscule pour votre re-Naissance ! »

Mayiani, lui, a beaucoup ri en me donnant la corne de sa vache préférée, disparue il y a quelques jours de sa belle mort dans le pré d'à côté. « C'est ta corne d'abondance ! » m'a-t-il précisé. « Prends-en soin ! » Tandis qu'il se balance d'un pied sur l'autre, près de la cheminée, un verre de pétillant à la main, je suis assis au milieu de la pièce sur un tabouret, au plus près d'un piano demi-queue Steinway.

Je suis fasciné par les sons qui en sortent. Des notes à la fois rythmées et étouffées, légères aussi grâce à la voix si douce qui les accompagne. Magnifique interprétation du *Concert de Cologne* de Keith Jarrett, devenu une référence musicale à la fin des années 1970. Je me délecte.

Les longues mains de la jeune pianiste volent littéralement sur le clavier. Sélénoï, la sœur aînée de mon ami, dans toute sa splendeur discrète ! Elle a des yeux malicieux qui paraissent d'autant plus grands qu'elle a les cheveux rasés. Je la trouve ravissante, et je me surprends à être ému en la regardant.

De temps à autre, elle tourne la tête et me sourit. Je repense au message que j'ai laissé tout à l'heure sur le portable muet d'Ingrid : « Te souviens-tu de nos folles nuits ? Oublions le passé. Recommençons. Je t'aime plus que jamais ! » J'y pense et puis j'oublie. Je culpabilise d'oublier, et puis j'oublie. La magie flotte dans l'air chargé des senteurs du feu de bois.

Je me sens comme enivré. Des bougies de couleur posées sur les plus grosses branches du sapin semblent vouloir l'embraser. À moins que ce soit moi ? Ou plutôt que ce soit la présence de Sélénoï qui m'enflamme ?

Une lueur amusée passe dans son œil. Je me sens tellement à l'aise avec elle que j'ai l'impression de la connaître depuis toujours. Je l'observe sans cacher davantage l'intérêt que je lui porte. Elle a pour moi un éclat incomparable.

« *Tiens bon, Skender, pense à ta Gräfin !* » J'essaie de la regarder avec objectivité, comme l'étranger que je suis, mais j'abandonne vite. Sa voix chantante me berce et je suis ébloui par son visage mobile, expressif et si doux. Subitement, pourtant, je me dis que c'est absurde, qu'il ne peut s'agir entre nous que d'amitié et non de désir, que je ferais mieux de profiter de cette soirée telle qu'elle se présente, et non telle que je la rêve.

Malheureusement, quand le morceau s'achève, je lui demande à brûle-pourpoint en anglais :

— Aimerais-tu faire une petite promenade digestive avec moi, là, maintenant ?

— Par le temps qu'il fait ?! réplique-t-elle en riant. Mais je suis quand même d'accord.

Je l'aide à enfiler son manteau matelassé, puis nous sortons en riant de bon cœur. La nuit est claire, étoilée, un peu fraîche, mais la température est agréable pour un 24 décembre. Elle glisse son bras sous le mien et nous empruntons un chemin bordé d'arbres à la noble stature. Nous marchons en silence. Je me dis que cette promenade nocturne me fournira l'occasion d'y voir plus clair, de recoller petit à petit les pièces de mon puzzle.

Avant tout, résister à l'attraction qu'exerce la jeune femme d'une extraordinaire beauté… Il y a de quoi être confus. Un peu plus loin, je m'arrête et délaisse son bras pour frotter ma nuque avec insistance.

— Ce n'est rien. J'ai une espèce de torticolis. Sans doute à force d'être resté assis sans bouger à t'écouter.

Bien sûr, il n'en est rien.

— Rentrons, je vais te soigner.

Impossible de refuser…

De retour dans la grande pièce, je reste un moment sur le seuil à m'interroger. Toutes les lampes sont restées allumées, le bois flambe encore dans la cheminée, mais il n'y a plus personne. Étrange. Comme s'ils s'étaient donné le mot de ne pas nous déranger. Sans rien dire, elle me fait asseoir près du feu sur un épais tapis.

Elle s'est agenouillée derrière moi pour me masser les épaules, le cou et la nuque. J'en ressens un plaisir si troublant que je voudrais qu'elle continue indéfiniment. Brusquement, je prends conscience que je désire sentir encore et encore ses mains d'une douceur extrême.

« *Réveille-toi !* » Ce n'est pas d'amitié qu'il s'agit, mais de désir. Atterré par ma découverte, je reste là à contempler la danse du feu pour tenter de me reprendre. Je n'ai pas le droit d'éprouver ce genre d'émotions. Mais les mains de la jeune femme continuent de me hanter. Est-ce à cause de sa beauté et de son charme ?

J'ai un brusque frisson en songeant à Ingrid, et son image chasse alors celle de la belle Sélénoï.

— Je vais aller me coucher. Je dois être en forme demain pour partir.

— Attends ! J'ai un cadeau pour toi.

Elle me tend un tout petit objet qu'elle a fait de ses mains, une bague en perles bleues, vertes, rouges et blanches.

— Tu vois ce cercle indigo, il figure le ciel d'où nous venons, et c'est aussi là que nous retournerons un jour. Les Maasaï dessinent des cercles partout, et leurs villages, leurs maisons, leurs bijoux sont eux-mêmes des cercles. C'est pour communier avec l'univers.

Je la prends dans mes bras instinctivement, sans calcul et sans en mesurer les conséquences. Pour la première fois.

— J'ai la même. Je la mettrai désormais à mon doigt, à condition que toi aussi tu ne t'en sépares jamais plus ! me chante-t-elle, sa tête aux senteurs de miel posée sur mon épaule.

Ce qu'elle me murmure ensuite sans que je réagisse me donne l'impression vertigineuse de flotter dans l'ambiguïté et même dans le mensonge :

— Chez les Maasaï, la jeune fille amoureuse la confectionne pour l'homme qu'elle s'est choisi, poursuit-elle tout en l'enfilant à l'annulaire de ma main droite.

Devançant son interrogation alors qu'elle fait rouler entre ses doigts la bague qui orne mon majeur, je lui explique spontanément :

— C'est la partie visible de mon initiation à la Vie. Mais il me reste encore plusieurs paliers à franchir…

32

En route vers le Kosovo, pour panser mes blessures d'enfant... ?

L'avion se dirige vers le *runway*, s'arrête un court instant, fait rugir ses moteurs, libère toute sa puissance et roule de plus en plus vite sur le tarmac, me plaquant à mon siège.

Je décolle pour de bon et me demande si je ne rêve pas. En partant, sur un coup de tête, vers le pays de mon enfance saccagée, où je n'ai plus remis les pieds depuis l'âge de dix ans, j'ai la sensation très confuse de revenir en arrière. Au sens de régresser ! Au point que je crains d'oublier le chemin que j'ai parcouru durant toutes ces années. J'ai peur d'oblitérer d'un trait l'identité que je me suis construite à force de volonté et de travail.

Dès que l'appareil diminue son angle de montée, et que le pilote a réglé ses réacteurs au régime de croisière, je mets mes écouteurs sur les oreilles et tends un second casque à Mayiani, peu loquace depuis que nous avons quitté la Touraine. Je me laisse bercer par la voix aux accents prophétiques de la chanteuse Zazie. Je ne parle pas encore très bien le français, mais je le comprends de mieux en mieux ; ses paroles sur le matérialisme et la destruction du monde sont de toute façon suffisamment explicites...

Des paroles qui résonnent en écho aux gros titres de l'édition du jour du *Frankfurter* que je me suis procuré en pénétrant dans l'avion :

« Voiture piégée au Pakistan, sur un marché de Karachi. Bilan : 65 morts et 200 blessés. L'attentat le plus meurtrier depuis l'attaque des tours jumelles à New York – Cadeau de la Commission européenne : les industriels de l'agrochimie autorisés à continuer de produire les plus grands perturbateurs endocriniens – La banquise continue de fondre dans l'indifférence générale : un énorme bloc de glace de la taille de la Suisse vient de se détacher de l'Antarctique et dérive… »

Une grande tourmente s'empare de moi, submergé par l'angoisse de cette folie humaine.

Soudain, Mayiani me presse le bras et m'enlève mon casque : « Regarde ce petit clip. Il est très instructif. » Il vient d'orienter l'écran de sa vidéo individuelle et me plaque les écouteurs de vol sur les oreilles.

Des antilopes, des gnous, des gazelles, des zèbres et des buffles me sautent aux yeux dans un paysage à la fois bucolique et farouche, plein de douceur et de sauvagerie. Curieusement, je me sens mal à l'aise devant ces belles images. Peut-être est-ce le fait qu'elles sont en décalage avec mes préoccupations du moment ? Des éléphants cherchant leur nourriture du bout de leur trompe attirent mon attention ; d'autres se roulent dans la vase ; les petits se font asperger par leurs mères. La lumière coule, riche et vibrante. Au premier plan de cette vision de matin d'Afrique, une jeune femme, aux grands yeux sombres, assise sous un acacia parasol, donne le biberon à un jeune lionceau.

Le clip se termine par cette phrase : « Le monde est cruel. Ressourcez-vous dans le jardin d'Éden de la Conservation Safaris Trust. »

À l'aéroport de Pristina, nous louons un énorme 4 × 4 Cadillac Escalade noir, aussi massif qu'un char Abrams, pour nous rendre dans la ville où j'ai vécu jusqu'à mes dix ans.

Je conduis vite malgré la route verglacée. À l'entrée de la ville se dresse l'inévitable statue de Mère Teresa, grandeur nature, courbée, portant tout le malheur du monde sur ses épaules. Elle est née en Macédoine, mais les Albanais l'ont récupérée et adoptée…

Je m'arrête en face d'un bâtiment moderne arborant sur son toit un grand panneau : « Hôtel Pashtriku ».

— C'est là que j'ai donné rendez-vous à mon oncle Naser, le frère cadet de mon père, qui dans mon souvenir jouait super bien au foot.

Mayiani se cantonne dans un silence prudent. Et moi, je suis étreint par une angoisse diffuse.

— Après la guerre, il s'est installé avec sa mère, c'est-à-dire ma grand-mère, dans ma maison, que j'appelle « la maison du martyre ». Il va nous y conduire, même si je ne doute pas que j'aurais retrouvé le chemin sans problème. Nous gagnons une grande terrasse couverte et nous nous installons dans un coin, à l'écart.

La plupart des tables sont occupées par des groupes d'hommes discutant avec animation. Les Kosovars passent le plus clair de leur temps à bavarder devant un café vide. Peu de femmes. En province, elles ne vont pas au café.

— Le voilà, dis-je soudain.

Je le reconnais aussitôt. Il n'a pas changé. Or, je ne l'ai pas revu depuis l'année 1999. Un homme d'une cinquantaine d'années, très brun, les cheveux rejetés en arrière, mince, le visage en lame de couteau, vient de surgir sur la terrasse.

Brutalement, il se précipite sur moi et me serre si fort dans ses bras que j'ai du mal à reprendre mon souffle.

— Je suis venu avec un ami. Ils se serrent la main sans prononcer un mot. Nous nous rasseyons.

Je remarque son regard toujours aussi vif et intelligent, mais avec quelque chose en plus, de la douceur peut-être.

Naser me demande des nouvelles de mon jeune oncle, Edvin Murati, qui a joué au PSG entre 1994 et 2000 ; puis de mes cousins Xhaka, Granit et Taulant, nés de parents kosovars réfugiés pendant la guerre en ex-Yougoslavie et devenus comme moi de célèbres footballeurs professionnels. Il reste ensuite quelques instants la tête baissée, puis la relève, me fixe et me dit comme une évidence :

— Je te considère comme mon fils, tu sais. Tu vas retrouver ta maison où rien n'a changé ou presque. Tu vas avoir un choc, mais je serai là. Ne t'en fais pas. Il te faudra pardonner comme je l'ai fait. Tu ne peux pas savoir à quel point je me suis senti revivre le jour où j'ai pardonné aux Serbes.

Je n'en crois pas mes oreilles.

Il est près de trois heures de l'après-midi. Dehors, ça grouille de vie. Des véhicules militaires de la KFOR[1] se faufilent comme ils peuvent parmi les badauds et d'antiques charrettes tirées par des chevaux minuscules. Le ciel est plombé, je respire intensément, dans un état second.

À la vue d'une mosquée, Mayiani m'interroge, ce qui me sort un peu de ma léthargie :

— Je n'y avais jamais pensé, mais le Kosovo est un pays musulman, n'est-ce pas ? Tu es pratiquant ?

— Ici, on n'est pas en Arabie saoudite ! D'après ce qu'on m'a dit, le taux de pratiquants ne dépasse pas les dix-sept pour cent. Certes, chaque village a sa mosquée, mais il n'y a aucun fanatisme, pas de femmes voilées, tout le monde boit de l'alcool, bière ou raki. Le tiers des musulmans, qui plus est, appartiennent à la secte des Bektachis, qui sont paraît-il très libéraux. L'islam fait partie de ma culture, mais je ne pratique pas vraiment. Je pratique surtout la tolérance.

1. Les troupes de l'OTAN.

L'énorme 4 × 4 se met à tanguer furieusement. Les routes étroites sont défoncées comme des pistes africaines. Cette rue me dit quelque chose, je la reconnais, c'est la rue Salim-Berisha. Ah ! Elle est devenue un sens interdit ? Cela ne fait rien. Je la prends quand même, tout heureux de remonter le temps.

— Mais, j'y pense, il y avait des pavés avant dans cette rue !

Mon oncle, imperturbable :

— Tu as raison, il n'y a pas si longtemps, la rue était bien pavée, mais les Kosovars ont été pris d'une frénésie de renouveau.

Je passe devant une boutique d'alimentation avec, sur le pignon, une inscription en lettres noires : « Besa[1] », aussi grande que la boutique elle-même, et je me mords les lèvres jusqu'au sang.

C'est là que ma mère m'envoyait faire deux ou trois courses le soir après l'école. À part le nom, rien n'a changé. J'ai la gorge de plus en plus nouée. Après avoir contourné un terrain vague, je prends encore à gauche pour me retrouver face à un parc à l'abandon entourant un bâtiment en travaux. Je suis en état de choc. Je viens de reconnaître mon ancienne école Bekteshi. Mon pouls s'accélère.

J'ai l'impression que mon crâne est en train d'éclater et que le plancher de la voiture se dérobe sous mes pieds…

Je viens de terminer mon match, je suis heureux, j'ai marqué deux jolis buts, mais je dis à papa qui me congratule :

— J'ai oublié mon cartable à l'école, j'ai plein de devoirs à faire pour demain…

— Je t'y emmène sur-le-champ. Les études, c'est aussi important que le foot…

Je me range sur le bas-côté et j'observe sans mot dire l'ancienne cour de l'école devenue un *no man's land*. Personne ne parle dans

1. Code d'honneur albanais où l'on pratique la loi du talion.

l'habitacle. Je sens juste la main réconfortante de Mayiani sur mon épaule.

Je revois avec une précision extrême les traits d'un grand escogriffe, qui plante ses yeux injectés de sang dans ceux de mon père avec un sourire glacial. Dobredin[1] *est le seul mot qu'il prononce d'une voix calme en arrêtant notre voiture au bout de la rue.*

Cet homme de haute taille en tenue de combat, avec un ceinturon neuf et un curieux gilet de toile gris plein de poches, a surgi de nulle part. L'inconnu a une tête qu'il suffit de voir une seule fois pour ne jamais l'oublier. Sa barbe, abondante et hirsute, teinte au henné, quasiment orange, se confond avec une grosse moustache tout aussi fournie.

Sa calvitie dégage un front immense, et sous l'ombre épaisse des sourcils brillent deux yeux verts à l'éclat halluciné. Je sens ma chair se hérisser. Je suis terrifié, intérieurement, comme face à un éléphant qui va charger. Une demi-douzaine d'hommes en tenue camouflée apparaissent à leur tour, braquant leurs armes sur nous.

— Qu'est-ce qui se passe ? lancé-je à mon père en lui jetant un long regard de détresse.

— Tout va bien, me rétorque-t-il en m'étreignant. Mais l'homme à la barbe orange qui ne me dit rien qui vaille lui aboie brutalement dessus :

— Ouvre, chien !

Le ciel est d'un bleu profond. Je l'admire longuement tout en aspirant une merveilleuse odeur d'herbe coupée, profitant de chaque respiration, sachant que tout est en train de basculer dans un trou noir. Mon père s'exécute et je me sens envahi par la panique.

— Mène-nous jusque chez toi, sale *Shqiptar*[2] ! Tu es un immonde traître et un hypocrite qui ne va plus vivre très

1. Bonjour (en serbe).
2. Albanais.

longtemps. Tu travailles avec l'UCK[1]. Tu mérites un châtiment exemplaire…

Ils lient ses mains derrière son dos et entravent ses chevilles, ce qui ne lui permet d'avancer qu'à petits pas. Révolté, je sors de la voiture sans réfléchir et me rue sur l'un d'eux. Le canon de son fusil s'enfonce dans mon ventre, me repoussant avec une brutalité inouïe…

J'ouvre la petite porte en bois qui donne sur la rue et pénètre dans le jardin clos d'un haut mur d'enceinte en pierre grise. Je revois l'échelle appuyée sur l'énorme cuve pleine de béton liquide, qui tournait sur elle-même, entraînée par une grosse chaîne. Une bétonnière. Mon père, aidé de ses frères, avait commencé les fondations d'une seconde maison.

Nous sommes accueillis par un vieil homme, le frère aîné de Naser et de mon père. Il a le teint hâlé, un pli[2] en feutre blanc vissé sur le crâne, telle une coquille d'œuf coupée à la moitié. L'ancien me serre dans ses bras sans prononcer un mot.

À peine suis-je entré dans « ma » maison que ma grand-mère, recourbée vers le sol, les yeux doux, pétillants, tout emplis de tendresse et de reconnaissance, me prend par la taille et reste vissée à moi durant de longues secondes. Je pleure par saccades. Des larmes de tristesse et de joie mêlées, demeurées comprimées trop longtemps, jaillissent de mon âme meurtrie sans que je ne puisse rien y faire.

Elle me prend par la main et m'emmène du côté de la cheminée, là où est accroché un immense cadre un peu kitch en plastique rose.

On y voit un jeune homme très souriant, recevant un diplôme dans un amphithéâtre. En dessous du portrait noir et blanc sont gravés son nom : « Nezir Bekim Murati », ainsi que deux

1. Armée de libération du Kosovo.
2. Calotte traditionnelle portée par les anciens.

dates : « 5 décembre 1961 – 26 avril 1999 ». Mon père, lorsqu'il avait vingt ans !

Un flot de haine me submerge. Qu'y faire ? Naser me fait asseoir sur un canapé recouvert d'un tissu synthétique à fleurs. L'atmosphère est au recueillement, personne n'ose parler. Seuls les sanglots de ma grand-mère rompent le silence.

On nous sert de la *flia*, plat kosovar traditionnel de fête, à base de lait caillé et de fromage, accompagné de gros piments et d'une salade de tomates. Mais, je n'ai pas faim, je suis ailleurs. J'ai repéré l'escalier en colimaçon. Le même qu'il y a quinze ans. Le même que…

Mon père se rue sur la première marche, mais il est entravé.

Grand, net, sanglé dans un uniforme parfait, contrairement aux autres, le chef de la bande d'hirsutes avinés et brutaux avance sans se presser, sort son arme et, sans état d'âme et presque à bout touchant, abat mon père de deux balles dans le dos.

— Papa, papa, non !!!

Il tombe comme une masse, foudroyé. Mes tympans me font mal, les effluves âcres de la cordite imprègnent tout l'espace, mon sang se glace. J'ai tellement peur que je peux sentir l'odeur aigre de ma transpiration…

— C'est comment la vie à Paris ?

— C'est… Comment ?

Mon vieil oncle est assis à côté de moi, je ne l'avais même pas remarqué.

— C'est bien, c'est très, très bien…

Dans le silence irréel qui s'ensuit, j'entends les pépiements d'oiseaux dans le jardin. Je demeure tétanisé un long moment. Le cœur tape dans ma poitrine, et je lutte désespérément pour ne pas me laisser aller à la panique. Une petite voix intérieure me murmure que ma courte vie va s'arrêter là, et je maudis ma légèreté d'avoir oublié mon sac de classe.

L'officier aux yeux clairs inexpressifs se baisse pour tâter le cou de mon père, qui ne bouge plus, allongé sur le ventre. Il appuie le canon encore brûlant de l'arme sur sa nuque et tire une balle de sécurité.

— Il faut se méfier avec les constitutions robustes, déclare-t-il d'une voix grave volontairement emphatique.

Cette phrase pénètre dans mon cerveau comme une flèche brûlante.

Dans un brouillard, je parviens à me lever et me précipite sur lui, les mains en avant, pour étrangler la « bête immonde », hurlant des imprécations à m'arracher les cordes vocales...

J'ouvre les yeux. Où suis-je ? Le « roi » Pelé me regarde avec un beau sourire qui m'est familier. Un grand poster punaisé en face de mon lit. Je suis dans ma chambre. Mayiani est penché sur moi, et je me rends compte que j'ai dû basculer dans le monde des rêves.

Toute la tension que j'ai accumulée ces dernières heures s'est semble-t-il relâchée.

— Tu as crié si fort, si fort ! Nous t'avons monté dans ta chambre, et allongé sur ton lit. Ton oncle m'a dit qu'il l'a conservée telle que tu l'avais laissée. Pour la mémoire.

Ses paroles douces et aimantes me font du bien. Mon jeune ami poursuit sur le même ton :

— Ton cœur contient assez d'amour pour guérir la terre entière. Mais, pour l'instant, je te demande d'utiliser cet amour pour ta guérison, même si tu ne te sens pas malade.

— Je me sens complètement vidé, comme si mon énergie s'en était allée d'un seul coup.

— Oui, je comprends. Rien que de très normal en somme. Nous avons, pour la plupart d'entre nous, des blessures qui nous empêchent de goûter pleinement aux vertus régénératrices de l'*Encipaï*.

— Qu'est-ce que c'est ? le coupé-je, impatient de trouver la clé destinée à me sortir de mon état nauséeux.

— C'est à la fois la joie, le contentement, l'allégresse, la félicité et le bonheur. Un état d'être que l'on retrouve chez tout être humain. Il est universel. Chez nous autres, Maasaï, la joie *Encipaï* est la manifestation du lien qui nous unit à *Enk'Aï*, la Déesse-Mère, source de toute vie. Et la gratitude nourrit la joie, qui, à son tour, renforce le sentiment de gratitude. Gratitude d'être en vie, de pouvoir se nourrir, mais aussi de partager les épreuves et les réjouissances, etc.

Il s'arrête de parler et fait rouler entre ses doigts la bague en perles que je porte à l'annulaire de la main droite.

— Cette bague résume cette simplicité à elle toute seule.

— C'est Sélénoï qui me l'a donnée.

— Elle a bon goût, dit-il en scrutant ma réaction.

Je rougis instantanément et j'espère qu'il ne le voit pas. J'enchaîne pour me sortir sa sœur de la tête :

— En quoi cette bague est si importante ?

— Elle nous rappelle que nous sommes tous complémentaires. Les caractéristiques de l'autre sont une part de nous-mêmes. Si l'on en vient à le diaboliser, c'est qu'on refuse cette part de nous. Ce que l'on fait à autrui, on le fait à soi-même. D'où l'importance de mettre en pratique la puissance vibratoire de la bonne volonté, c'est-à-dire de l'amour.

Je me tortille sur le petit lit. Il craque et je crains que si je bouge trop, il ne s'effondre. J'ai tout de même grandi et pris du poids depuis mes dix ans !

Parler d'amour me semble soudainement complètement déplacé, insoutenable, et je commence à m'énerver sérieusement.

— En venant ici, j'ai revécu le meurtre de mon père, et je n'ai plus qu'une idée en tête : retrouver ceux qui ont fait ça.

— C'est légitime après ce que tu as enduré et endures toujours, mais…

Je le coupe :

— Tu sais, si j'ai accepté de revenir ici, c'est surtout parce que je pense très souvent à la mort. Pas au passage proprement dit, mais à ce qu'il y a de l'autre côté. Là d'où personne n'est revenu. L'humanité n'a fait en réalité aucun progrès depuis l'âge des cavernes. Bien sûr, la perspective de ne plus exister me fait horreur. Mais quelque chose de bien plus fort encore me pousse à me dépasser. À faire des miracles. Une sorte d'instinct vital qui efface la peur du néant.

Mayiani s'est levé et fait les cent pas. Comme s'il réfléchissait au choix des mots pour ne pas me blesser. Il revient s'asseoir et me prend les mains en les enserrant, tout en me gratifiant d'un sourire très rassurant :

— Sais-tu que toute pensée inharmonieuse forme dans le sang des dépôts acides ? Chaque maladie (mal-a-dit) est créée par un état d'esprit toujours inquiet. Et elle a le plus fréquemment pour cause le refus de pardonner les offenses. Car, au lieu de la joie pour laquelle nous sommes nés, il laisse la tristesse s'insinuer jusqu'au tréfonds de notre âme. En fait, je ne te l'ai jamais dit, car ce n'était ni l'heure ni le lieu, mais dès que je t'ai rencontré avec tes souffrances au ventre, j'ai été tenté de te demander : « Contre qui en as-tu ? », au lieu de : « Qu'as-tu ? » Maintenant, j'ai la réponse.

— Tu as la réponse ? Mais, tu ne sais rien de l'enfer qu'ils m'ont fait subir et que je continue de subir.

Je tâche de maîtriser ma nervosité, sans succès :

— Tu crois que je peux tolérer que ces immondes crapules responsables de la mort de mon père, qui a anéanti de douleur toute ma famille, coulent aujourd'hui des jours heureux ?

Et je rajoute aussitôt :

— Pendant que moi, je me consume de l'intérieur, inconsolable… Je veux qu'ils disparaissent à jamais de la surface de la terre… Pour enfin vivre en paix.

Me retrouver chez moi, dans la chambre inchangée de mes dix ans, à revivre tout cet incroyable gâchis, m'a secoué. Je me rallonge afin de récupérer un peu. Un long frisson me traverse de la tête aux pieds. Mayiani a posé ses mains sur mon plexus. Je ferme les yeux.

— Respire neuf fois par le ventre, retrouve ton équilibre en inspirant en conscience puis en expirant profondément. Il te faudra pardonner à tous ceux qui t'ont causé du tort, quels qu'ils soient, m'énonce-t-il, imperturbable. Même si ce qu'ils ont fait est *a priori* impardonnable selon ton mental.

J'interviens, furieux :

— Ah bon ! Selon mon mental ? Tu plaisantes, j'espère !

— Calme-toi, calme-toi.

— Mais, comment le pourrais-je ?

Je me suis relevé avec rage, et tout en arpentant la pièce de long en large, je me lance dans le récit de l'horreur dont j'ai été le témoin avec les yeux purs de l'enfant que j'étais alors. Lorsque j'en ai fini, un second frisson me parcourt tout le corps. On dirait un accès de paludisme, mais je sais que ce n'est pas cela. C'est quelque chose que je n'ai pas éprouvé depuis ce jour-là. Une vague glacée très désagréable m'envahit, et je me sens glisser tout doucement dans un gouffre.

Mayiani s'en est aperçu et m'aide à me rallonger sur mon tout petit lit. Il déboutonne ma chemise et applique ses mains sur mon torse. Ce qui me calme quasiment d'une minute à l'autre. Il poursuit :

— Tu dois pardonner afin de ne plus souffrir et de ne plus te remémorer à chaque fois ce qu'ils ont fait. Le pardon sert de guérison mentale, et c'est aussi une preuve de compassion et d'amour envers soi-même. Il restera bien sûr une sorte de cicatrice, un souvenir de ce qui s'est produit, mais, une fois la plaie guérie, cela ne fera plus mal…

Que tout semble facile avec cet adolescent ! Un peu plus serein, je l'écoute davantage :

— Nous sommes conditionnés à ne pas pardonner alors que c'est une capacité innée en nous. Le problème qui se cache derrière, c'est l'orgueil, et uniquement l'orgueil. Ainsi, pour l'honneur, on envenime les choses en tentant de se souvenir de nos blessures dans les moindres détails. Ce faisant, c'est nous qui souffrons et accumulons les soucis émotionnels. Mon grand ami, crois-moi, tu dois te libérer et pardonner à ces gens afin de pouvoir reprendre le cours de ta vie.

Le silence, rien que le silence, durant de très longues secondes. Je récupère un peu même si je sue à grosses gouttes.

Il poursuit :

— Je pense qu'en ce qui te concerne, il y a une étape à franchir avant que tu puisses accorder ton pardon total et définitif.

Une phrase qui a pour résultat de décupler un désir irrépressible de vengeance.

Je me lève d'un seul élan dans un accès de rage, enlève brutalement ma chemise et tente désespérément de la mettre en pièces en ahanant comme un bûcheron. Puis, je me rassois, épuisé comme si j'avais joué au foot un jour et une nuit sans m'arrêter. À cette idée, je suis pris d'un fou rire nerveux et pose ma tête sur l'épaule de Mayiani.

Il me berce comme un bébé, et ça me fait du bien. Je me sens moins agressif, mes envies de meurtre se font moins vives, et je me sens de nouveau presque disposé à l'écouter.

— Il peut arriver que le petit enfant en nous désire se venger avant de pouvoir pardonner. C'est ton cas, non ?

— Me venger, ça, c'est sûr, bredouillé-je.

Tout me semble à la fois si loin et si proche. Il me prend les deux mains et me déclare en me regardant droit dans les yeux :

— Nous allons tout de même compléter cet exercice que tu as commencé à ton insu. Ne crains plus rien. À la clé, il y a ton bonheur, ce n'est pas rien. Alors, écoute-moi. Ferme les yeux et détends-toi. Visualise ton bourreau, celui de ta famille. Visualise-le très précisément, en particulier dans chacune de ses expressions. La scène se passe maintenant, à l'instant où je te parle.

Une vision s'impose alors à moi, d'une incroyable précision :

Le type immonde à la barbe orange est à genoux devant moi. Ses mains sont liées dans son dos, je lui braque une arme sur la tempe. Les rôles sont inversés. C'est moi qui suis à présent en position de force. Immergé de nouveau dans le drame, à cet instant précis, en 1999, mais en tant que Skender, un homme adulte, en pleine possession de ses moyens. Chaque détail me revient comme s'il était grossi à la loupe. Je me sens submergé d'une haine implacable. Je ne dis pas un mot et mon visage ne montre aucune expression.

« Non, non, pas ça ! » couine-t-il. Sa plainte est devenue continue, déchirante. Il me supplie de l'épargner, avec une voix désespérée.

Je suis déterminé à accomplir mon geste, quand un flash brûlant me tenaille. Je revis l'épisode dantesque de notre exode quelques mois plus tard, ma mère et moi fuyant vers la Macédoine : des bâtiments en ruine, partout des carcasses de camions, de voitures, renversées ou brûlées. Les bombardements incessants des Serbes, puis, tous ces jours, morts de faim et frigorifiés, à cheminer sur des pistes enneigées au milieu de paysages sauvages de montagne, sans une habitation en vue…

Puis quelque chose en moi d'inexplicable se produit, comme une répulsion à rajouter de la violence là où elle semble avoir déjà tout « dévoré ». Une profonde lassitude m'envahit. Au même moment, je me sens comme soulagé d'un grand poids.

J'abaisse mon arme, il tourne la tête vers moi, dans un face-à-face improbable, nous nous observons en silence. Mon idée de revanche s'est volatilisée.

Je rouvre les yeux. Ma première vision est le sourire bienveillant de mon idole d'enfance : Pelé ! Il semble me dire : « Tu peux le faire, tu vas le faire, prends ton temps. » Le regard clair de Mayiani me dit à peu près la même chose.

— Comment te sens-tu ?

— Je vais bien. Je n'en reviens d'ailleurs pas de me sentir aussi bien.

— C'est excellent, me dit-il d'un air entendu.

Alors, ses deux mains posées sur les miennes, il psalmodie une prière :

« Qu'*Enk'Aï* t'aide à pardonner ; qu'Elle scelle l'Amour entre tous les hommes ; dans l'attente d'objectifs dignes d'être attendus, nous T'implorons ; qu'il en soit ainsi avec grand plaisir ; merci à toi, ô notre Déesse-Mère. »

Il me caresse les mains comme pour me rassurer. Mais je n'ai plus besoin de l'être. Je ne l'en dissuade pas pour autant. J'ai l'impression d'être revenu des marges du monde et je me sens envahi par de l'allégresse. Comment est-ce possible ? Il y a moins d'une heure, j'étais une boule de haine.

Puis Mayiani me gratifie d'un sourire pétri d'humanité et me lance, tout à fait serein :

— Il te reste une dernière chose à accomplir : pardonner, le ressentir vraiment et l'exprimer !

Au lieu d'un rejet épidermique comme avant, je ressens comme une griserie m'envahir.

— Je pense que je peux y parvenir à présent.

Il pose la paume de sa main droite sur le sommet de mon crâne, comme pour me bénir, et déclare sans détour :

— Ce sera une formalité.

— Dis-moi ce que je dois faire, je suis prêt.

— Détends-toi et ferme les yeux. Retrouve-toi de nouveau devant le bourreau de ton enfance. Regarde-le droit dans les yeux et dis-lui avec tendresse : « Je te pardonne pour toutes les actions destructrices que tu m'as fait subir. C'est du passé, je te pardonne, mais je n'oublierai jamais. Va en paix ! »

Une bouffée de chaleur se propage dans tout mon corps. Je parviens à le prendre par la main. Je parviens à sourire. Je parviens à le faire sourire. Je parviens à prononcer la phrase, tout en douceur. Je parviens à l'aimer. À mes yeux, il est redevenu un enfant, tout comme moi, détendu.

Dans le lointain, j'entends Mayiani qui me susurre : « Imagine la personne à qui tu pardonnes te dire à son tour : "Merci, je te libère maintenant..." »

L'homme n'a plus de barbe, il n'est plus hirsute, il n'a plus d'armes, il est rayonnant. Il me libère en me prenant dans ses bras, pleure comme une madeleine, me demande pardon, puis déclare entre deux hoquets : « Merci, merci, je te libère maintenant, va en paix ! »

Je pleure à chaudes larmes. Tellement ému.

— Sonde ton cœur pour y trouver les injustices qu'il porte encore puis laisse-les s'en aller.

Je n'en ressens plus aucune, aussi incroyable que cela puisse paraître.

— Quand tu sens que tu es libéré le plus possible, reporte ton attention sur toi et dis-toi à voix haute : « Je me pardonne pour toutes les fautes que j'ai pu commettre. »

C'est alors que, chose extraordinaire, j'entends distinctement la voix de mon père qui me déclare avec une indicible affection : « Mon fils adoré, je t'aime. Le pardon est la chose la plus importante. Tu n'es pas responsable. Oublie ton histoire de sac d'école. Va de l'avant. Pardonne à ceux qui t'ont offensé, pardonne-toi aussi. Je serai toujours avec toi. »

Je veux me pardonner… Oh, oui, je me pardonne, je me pardonne. Merci la vie !

Pour la première fois depuis que j'ai arrêté de vivre à l'âge de dix ans, je ressens une tranquillité sans limite et une paix omniprésente. Après tout, ne suis-je pas rentré chez moi après une longue absence ? La lumière rasante du soleil diffuse dans la pièce une lueur éthérée, et je sens une immense gratitude monter en moi. Un doux plaisir de vivre. Mon réservoir d'énergie s'est de nouveau rempli.

Mayiani arbore un visage radieux et me contemple avec des yeux rieurs. Il me dit :

— C'est parce que tu es en vie que tu as pu pardonner. Chez les Maasaï, c'est le fait de remercier, d'exprimer de la gratitude, celle de partager les épreuves et les réjouissances, *Ashe Naleng*, qui manifeste le plus le lien les unissant à la Déesse-Mère *Enk'Aï*. Pour eux, en effet, *Melang'i inkirragat* : « Tu ne peux passer au-dessus de ce qui t'est destiné ! » Nous sommes tous déterminés par un destin qui nous est propre, mais qui est toujours dépendant de la Déesse *Enk'Aï*, raison pour laquelle il faut pardonner. Le refus de pardonner est du pur orgueil selon eux. La seule attitude à adopter, toi qui aspires au bonheur, est d'avoir la certitude reconnaissante que toutes les épreuves que tu traverses t'aident à grandir. Tu as bien mérité d'arborer à ton annulaire ce cinquième anneau. Sur ta belle lancée, apprends désormais à être dans la gratitude à chaque instant, apprends à remercier l'Univers, *Enk'Aï*, dès le réveil, à remercier le Grand Tout. Très vite, tu t'apercevras que ce que tu avais pris pour une frustration au moment où tu le vivais n'était pas autre chose qu'un moyen de t'écarter d'une voie pleine de dangers qui n'était pas la tienne ; et que, inversement, ce que tu avais tenu pour une circonstance favorable n'avait fait que te conduire dans une impasse. Ce faisant, tu feras de plus en plus confiance à la Vie pour te « centrer » et préciser à ton attention tes désirs les plus secrets.

— Bravo à toi, mon ami !

Je porte l'anneau avec joie, ayant cette fois conscience d'avoir été l'acteur à cent pour cent de ma transformation. C'est moi qui ai franchi cette nouvelle étape et j'en suis heureux. Mais, quelque chose m'intrigue.

— Pourquoi ce rouge pâlot ? C'est comme si la couleur de cette cinquième rangée de perles avait passé.

— Après les quatre premières couleurs vives, rouge, jaune, vert et bleu, les quatre suivantes sont les mêmes mais en beaucoup plus ternes. Pourquoi ? Tout simplement pour illustrer le fait que tout homme a une part de lumière et une part d'ombre.

33

À MONTMARTRE, CHEZ MOI, RUE DES SAULES, 26 JANVIER…

À mon retour du Kosovo, j'ai survolé chaque match et j'ai permis au PSG, je n'ai pas peur de le dire, de prendre la tête du championnat.

Seul Lyon s'est accroché et pointe désormais à la deuxième place, avec trois points de retard. Or, demain soir, nous les rencontrons au Parc ! Si nous gagnons, nous aurons six points d'avance. À l'inverse, si nous perdons, ils passeront en tête grâce à un goal-average[1] qui leur est favorable.

Je goûte dorénavant tout comme si je jouissais de chaque instant qui passe avec la plus grande insouciance. Indicible sensation. Les mots de Mayiani dans l'avion de retour sont maintenant limpides : « Le malheur ne peut être combattu ni par l'argent ni par les événements favorables, pour la simple raison qu'il est le résultat d'un état d'âme et non la conséquence d'une cause extérieure. »

Jusque-là, j'avais trouvé des échappatoires. Il faut avoir beaucoup de courage pour reconnaître ses propres fautes, ou plutôt sa responsabilité. Et pourtant, je sais maintenant que c'est la seule façon d'avancer. Mayiani m'a appris que le seul maître, le seul qui soit vrai et crédible, est notre propre conscience.

---

1. Différence entre les buts inscrits et les buts encaissés.

Déjà, le soleil se couche au-dessus de Paris, et colore le ciel d'orange et de rose. C'est le début de soirée. Un bon feu craque dans la cheminée du salon, et, en même temps, j'ai entrouvert la baie vitrée. L'air frais du dehors me fait du bien.

Jusqu'à la fin de l'année dernière, quelques heures de bonheur suffisaient tout juste à rendre tolérables les désillusions et le mal-être, devenus mes plus fidèles compagnons. Que seul parvenait à tenir à distance le *Stabat Mater* de Pergolèse, au mieux dans la version plus lumineuse de Bach.

Tandis que là, c'est le bonheur tout entier qui m'appartient et ne me quitte plus. Ponctué par les notes enveloppantes de Ludovico Einaudi. J'écoute *Ancora* avec délice.

Mon mal-être chronique se serait-il envolé pour de bon ? Je ferme les yeux comme pour mieux m'abandonner au moment présent.

34

PSG-OL, au Parc des Princes, samedi 27 janvier…

Comme un seul être, les 48 000 spectateurs se sont levés pour m'ovationner dès la première minute. Je viens de marquer un but d'école, comme à l'entraînement. Alors que je donnais le coup d'envoi, je suis parti comme une fusée du milieu du terrain, surprenant tout le monde, y compris moi. J'ai enchaîné un une-deux avec Angel Paradiso, puis un crochet sur un latéral lyonnais, avant de frapper au ras du poteau. Je ne me pose aucune question. Je suis léger, heureux et concentré.

La petite sphère navigue d'un but à l'autre. Je me sens libre et serein, sans réfléchir, sans me poser de questions tactiques, juste avec l'envie de bien faire. Mes pieds agissent comme par instinct et j'ai presque le sentiment de les laisser faire, sans chercher à contrôler la balle par la volonté.

Cinq minutes se sont à peine écoulées que je la reçois « en profondeur ». Je fais une feinte de corps et je pique la balle pour passer entre deux Lyonnais. Balle au pied, tout seul face au gardien des *Gones*[1] accouru à ma rencontre, je le trompe une nouvelle fois. Le public exulte. Je suis dans mon match, et j'entends le rester malgré l'euphorie, voire l'hystérie, bienfaitrice mais parfois perturbatrice de mes partenaires.

---

1. Surnom donné aux joueurs de l'Olympique lyonnais.

Corner tiré sur la gauche par Franck Perry. Angel pivote au premier poteau et centre au sol. Le ballon passe devant tout le monde sans être touché sauf… par moi, laissé absolument libre de tout marquage au second poteau. Je n'ai qu'à mettre mon pied droit en opposition pour marquer et réaliser mon quatrième « coup du chapeau » de la saison. Le Parc explose, j'ai les tympans qui sifflent, et mon cœur bat la chamade.

Malgré une domination sans partage, je demande à mes coéquipiers survoltés de rester concentrés. Ils me chambrent :

— Tu es dingue ! On veut se lâcher comme toi au contraire ! Tu voles, on n'a d'yeux que pour toi et tu nous demandes de rester concentrés ?! me crie Christian Pepe de son anglais chantant.

Il a peut-être raison après tout. Serais-je devenu trop sérieux ? Sans doute pas, juste réaliste comme l'expérience allemande au Bayern me l'a appris. La fameuse rigueur allemande jusqu'au coup de sifflet final. La suite me donne raison.

Alexandre Caradec, le génial buteur de l'Olympique lyonnais, vient de profiter d'un cafouillage dans notre défense pour ramener le score à 3-1.

Et sur l'engagement, il décoche un missile des dix-huit mètres ; un tir de l'intérieur du gauche terminant sa course en pleine lucarne, malgré l'envol de Klaus qui effleure le ballon et ne parvient pas à le détourner suffisamment.

Nous ne menons plus que 3-2. Je suis furieux ! L'arbitre siffle. C'est la mi-temps.

La douche froide ne semble pas avoir perturbé les tribunes qui, comme pour conjurer le sort, chantent à l'unisson : « On a gagné… » Dans les vestiaires, je n'attends pas que le coach intervienne.

Je suggère à chaque joueur, remplaçants compris, de se donner la main pour former un cercle : « Fermons les yeux, faisons silence, respirons par le ventre. Nous sommes le cercle. Nous sommes la sphère. Nous sommes le ballon. Nous sommes Un ! » Ils vont me prendre pour un dingue, mais peu importe. Je les entends renâcler, maugréer, s'énerver, mais ils finissent par le faire.

Plus un mot, chacun joue le jeu. Je finis par leur proposer de chanter à l'unisson : « Nous jouons ensemble, nous gagnons ensemble ».

Une fois que nous sommes revenus sur le terrain, je sens d'emblée que l'ambiance entre nous est différente. Moins d'excitation, plus de jeu court à une touche de balle et de décalages bienvenus, chacun étant redevenu un maillon de la chaîne, fondu dans le collectif. Bizarre, bizarre…

Je me sens solide au sol, léger dans les airs, et fais parler toute ma sérénité. Je ressors proprement les ballons comme j'aime le faire et oriente le jeu avec beaucoup d'aisance, au lieu de me contenter de rôder dans la surface adverse. Je suis redevenu le métronome de l'équipe. J'adore « apporter le surnombre », provoquer balle au pied, et fluidifier le jeu en alimentant les autres attaquants. J'arrive même à sortir du marquage. Pourtant, dès que j'ai la balle, j'ai trois défenseurs au minimum qui fondent sur moi.

Depuis la reprise, les Lyonnais sont empruntés et rendent une copie indigente, sans relief. C'est parce que nous pesons tous ensemble, en équipe, sur leur défense. Le PSG récite sa partition. Pas seulement moi.

À la limite de la surface, dos au but, je m'offre un ciseau retourné exceptionnel, mais le ballon heurte la barre transversale.

Dès que je prends la balle, les Lyonnais sont en panique. Le rythme des échanges s'accélère encore. Ça va de plus en plus vite.

Celui qui les maintient en vie dans ce match, c'est leur gardien, Antoine Higuain, dans un très grand jour. Il capte tout, et repousse tout, la main ferme.

Après une attaque avortée des *Gones*, sur un contre, je m'amuse de toute la défense de l'OL sur le côté gauche et offre le premier but de la seconde période à Lentas qui, du plat du pied, crucifie le gardien lyonnais au point de penalty.

4-2 pour nous, mais surtout un coup de massue psychologique pour Lyon !

Je continue de me balader sur toute la largeur du terrain, bien décidé à soigner mon avance en tête du classement des buteurs de Ligue 1. Dix minutes de répit pour Lyon, puis Paris poursuit sa démonstration.

Je temporise dans la surface au niveau de la ligne de but, pour jeter le trouble, et tente une louche, qui arrive sur la tête de Gemaiel, au second poteau. J'accours vers lui et lui glisse dans un brouhaha indescriptible : « Ah, si les défenseurs s'y mettent aussi, où allons-nous ? »

Nous menons par trois buts d'écart à cinq minutes de la fin. J'ai encore faim. Durant tout le match, j'ai été dans un état second et une étonnante fluidité de mouvements. J'entends en profiter jusqu'à la fin. Je suis présent à ce que je fais tout en jouissant d'un lâcher-prise inhabituel. Mon jeu atteint maintenant une vitesse extrême, sans aucun effort.

Servi par un ballon en cloche de Marco, je m'offre un quadruplé d'une frappe du gauche, le second après celui, dramatique, réalisé à Guingamp. Le Parc chavire de bonheur. « Ici, c'est Skender » est chanté par tout un stade, debout. Il reste une poignée de secondes, mais l'arbitre a porté le sifflet à ses lèvres. C'est fini. Je suis porté en triomphe par toute l'équipe, et mes douleurs atroces au ventre ne sont plus qu'un très lointain souvenir.

À peine arrivé dans les vestiaires, je suis allé récupérer la lettre que Mayiani m'a envoyée hier avec au dos ces sept petits mots pleins de mystère : « À n'ouvrir qu'après le match » ; je parviens à m'enfermer dans les toilettes pour la lire. Je suis trop excité et je n'ai pas la patience, l'enveloppe part en morceaux.

«*Du calme, du calme, Skender, prends ton temps!*» La première chose que je fais est de déchiqueter le papier bulle qui protège… un sixième rang de perles, d'un bleu pour le moins léger.

Je l'enfile fébrilement à mon doigt, heureux comme un gosse parti contempler en catimini le trésor qu'il vient à peine de dénicher. Je m'empresse de lire son commentaire, car je ressens en cet instant que je viens de franchir un sacré palier.

«Au fait, m'exclamé-je tout haut, comment a-t-il su que j'allais passer allègrement cette nouvelle étape?»

«*Arrête une fois pour toutes de te poser des questions à propos des prouesses successives et inexplicables de cet adolescent, contente-toi de lire ce qui est écrit:*»

«Tu as aujourd'hui perçu la nécessité vitale d'être le planteur de ton jardin intérieur. Tu es devenu un *olotuno*, comme tout Maasaï accompli, et tu as découvert en ton être intime le point central autour duquel mobiliser toutes les forces qui étaient profondément enracinées en toi. Tu t'es libéré du poids de l'indécision et es entré dans le monde réel, celui que tu portes à l'intérieur et non à l'extérieur. Tu as compris qu'il était vain de gaspiller ton énergie en tous sens. Je suis si heureux pour toi, car je sais ce que tu dois ressentir. Tu es aujourd'hui pleinement apaisé, totalement équilibré, tant physiquement, psychiquement que spirituellement. Laisse agir ton cœur (ton centre) et tu continueras de te sentir infiniment protégé.

Avec mon amitié,
Mayiani.»

35

Ingrid et Sélénoï, à la Pâtisserie viennoise,
Quartier latin, 3 février...

Elles n'en peuvent plus de rire. Ingrid a noué ses longs cheveux blonds en nattes, enroulées en couronne.

Quant à Sélénoï, elle est tout de noir vêtue. Dans la rue, on ne se lasse pas de la regarder, mais elle ne semble pas le remarquer.

Un froid pur et sec remplit l'atmosphère. Le temps est radieux. Elles ont flâné une bonne partie de l'après-midi dans Paris comme deux collégiennes, s'arrêtant pour faire des selfies avec leurs portables, dansant et chantant devant l'objectif. Comme si elles avaient voulu immortaliser ce qu'elles ont peut-être en commun : leur amour pour le sublime numéro 9.

À présent, elles font une halte à la Pâtisserie viennoise, un salon de thé réputé du Quartier latin, dont la vitrine regorge de gâteaux tous plus appétissants les uns que les autres. On ne peut qu'y entrer et se laisser tenter. Ce qu'elles ont fait en pouffant.

Une délicieuse odeur de café, de chocolat et de biscuit règne à l'intérieur. Comme souvent, la petite salle est bondée, mais cela fait partie du charme de l'endroit. Les étudiants bohèmes s'y pressent en masse.

Lorsqu'elles se sont rencontrées pour la première fois, à la salle Gaveau lors d'un récital de piano, elles se sont plu toutes les deux, spontanément et sans restriction. Ingrid s'y était rendue au bras de Skender, tandis que Sélénoï était accompagnée de son frère. C'était il y a moins de deux semaines. Depuis ce jour, elles se sont revues à plusieurs reprises, seules.

Les deux jeunes femmes se sont immédiatement liées d'amitié. Avant de rencontrer Sélénoï, la comtesse von Brisbach se demandait qui était cette jeune femme maasaï dont Skender parlait si souvent avec une grande tendresse. D'ailleurs, il ne se séparait plus d'unc bague en perles qu'elle avait semble-t-il confectionnée pour lui. De quoi nourrir une grande curiosité légèrement teintée d'inquiétude à son encontre.

Mais, à la seconde où elle lui est apparue, toute idée négative, tout ressenti trouble ont fondu comme par enchantement. Elle aussi a été d'emblée captivée par Sélénoï.

Comment rester insensible à ses yeux pétillants, à ses rires et à son cœur grand ouvert ?

Elle n'est pas pour autant naïve au point de croire qu'entre cette jeune femme maasaï d'une beauté remarquable et son Skender, il n'y a rien d'autre que de la pure amitié.

Mais Sélénoï dégage une telle simplicité, une telle sincérité, qu'Ingrid la considère bien incapable de malveillance ou de lui « voler » son amoureux.

Comme une gamine, Sélénoï lui tire légèrement la langue avant d'engloutir en une seule bouchée la moitié d'une tarte pomme-cannelle. « Oui, c'est cela, c'est une enfant », pense Ingrid très fort.

Et l'enfance, n'est-ce pas précisément le moment de la vie où nous sommes les moins soumis aux mesquineries, aux rivalités, à l'égoïsme et que sais-je encore ?… Elle porte l'enfance en elle, elle la transpire par tous les pores de sa peau.

Cela achève de la rassurer. Et elle se délecte d'une gorgée d'un surprenant thé de Chine fumé à l'odeur de feu de bois, qui lui renvoie aussitôt l'image du ballon de thé vert « Murati ».

36

Près de Deauville avec Ingrid,
pour y voir plus clair,
un soir de pleine lune…

Emmitouflés dans de gros pulls en laine, nous sommes assis sur une couverture face à la mer. On ne voit plus aucune lumière. Seulement un phare qui scintille au loin.

Et, au lieu de jouir en silence du reflet de la pleine lune, doucement bercé par les flots, je me noie, je nous noie de paroles, comme si je devais à tout prix camoufler une vérité embarrassante. Je me sens emprunté. J'ai bien tenté de la serrer dans mes bras, mais cela a sonné faux.

Que m'arrive-t-il ? Est-ce parce qu'une autre femme est entrée dans ma vie, même s'il n'y a rien eu d'autre entre Sélénoï et moi que des regards et des attitudes tendres ? Pourtant, dès que je regarde le vent jouer dans les cheveux de ma *Gräfin*, je sais que je suis toujours amoureux d'elle.

À la voir les yeux rivés sur l'horizon avec un petit air lointain, je me sens malgré tout sacrément déstabilisé car je ne sais plus ce qu'elle ressent pour moi.

Peu avant, notre dîner aux chandelles, dans un restaurant du bord de mer, s'est très bien passé. Il était délicieux. Et elle était d'excellente humeur lorsque nous avons évoqué les derniers jours, les dernières semaines. Si le malaise venait de moi ?

Au lieu d'approfondir la question, je repars dans la fuite, comme ce bateau qui apparaît au loin, tout illuminé, pour me réfugier dans la valeur sûre de mes souvenirs.

— C'est drôle, je nous revois tous les deux, le soir de notre rencontre, dans le *Schloss*[1] de ton oncle. Te souviens-tu de notre premier baiser ? Comment est-ce arrivé déjà ? Après une valse, je me tenais devant toi, prêt à me diriger vers les fauteuils, lorsque j'ai fait un pas en avant et ai pris ta main en te regardant droit dans les yeux. Tu n'as pas vraiment reculé mais tu as écarquillé les yeux, et, un bref instant, croyant avoir commis une erreur, j'ai failli faire machine arrière. Je n'ai plus bougé et je t'ai souri, la tête penchée sur le côté. Ensuite, tout ce que je sais, c'est que tu as fermé les yeux, en penchant la tête toi aussi, et que nos deux visages se sont rapprochés. C'était fabuleux. Au moment où nos lèvres se sont rejointes, j'ai su que j'en garderai le souvenir à jamais.

Le bruit des vagues chante dans ma tête, tandis que l'argent de la lune dessine sur le visage d'Ingrid un sourire béat.

— Comment sais-tu si c'est de l'amour ? me demande-t-elle soudain sans crier gare.

— Tu veux dire la toute première fois où je t'ai rencontrée ?

— Je veux dire en général.

Je réponds sans réfléchir et avec le plus grand sérieux :

— Eh bien, on sait qu'il s'agit d'amour quand on ne peut plus se passer de l'autre, et quand on sent que c'est réciproque.

Un petit sourire se dessine sur ses lèvres. J'en profite pour passer un bras sur son épaule, lui frottant doucement le dos pour la réchauffer. Je m'enhardis et lui parle de moi de façon plus intime :

---

1. Château.

— Tu sais, j'ai beaucoup changé depuis mon voyage au Kosovo. J'ai pu retirer la monstrueuse épine qui était plantée dans mon cœur et guérir ma blessure d'enfant. J'essaie d'être davantage moi-même, avec encore beaucoup de maladresse, certes. Si je te dis tout cela, c'est parce que j'ai confiance en toi et que je sais que tu me comprends, n'est-ce pas ma *Gräfin* adorée ?

Elle enfonce un peu plus son bonnet sur sa tête, et ce simple geste m'attendrit.

— Il te va à merveille.

— Il me tient bien chaud aussi au cœur.

Curieusement, je la sens libérée d'un grand poids. Je me décale derrière elle pour qu'elle se blottisse contre moi. La chaleur de son corps me fait du bien. Nous restons ainsi de longues minutes, collés l'un à l'autre, sans un mot. Puis, elle me dit le plus simplement du monde :

— La vie est insupportable tant qu'on ne la vit pas. Lorsqu'on est présent, la lumière et la joie se dégagent de la banalité même. La vie ne change pas, c'est notre regard qui se modifie.

— Oui, oui, c'est cela, tu as raison et c'est joliment dit.

Avant, elle m'horripilait avec ce que je croyais être ses belles phrases. Elles sonnaient creux à mes oreilles parce que je ne voulais pas les entendre, voilà tout. Maintenant, je les accueille avec joie. Je la serre un peu plus fort. Elle en profite pour ajouter :

— La vie s'apparente à la mer, tu ne trouves pas ?

Je hoche la tête pour l'inciter à continuer sans l'interrompre.

— Il y a le bruit des vagues, quand elles s'abattent sur la plage, et puis le silence d'après, quand elles se retirent. Deux mouvements qui se croisent et s'entrecoupent sans discontinuer. C'est ça la vie…

Je renchéris, tout excité de penser exactement comme elle :

— Mayiani m'a transmis l'importance capitale d'intégrer les difficultés, de les aimer parce qu'elles sont inéluctables et que ce sont elles qui nous font progresser…

Ingrid semble encore plus excitée que moi, et m'interrompt :

— Lors de mon séjour initiatique au Kenya, les Maasaï m'ont appris l'importance de fonctionner comme dans la vie, en opérant, par paires, des mouvements de navette entre deux points, deux éléments, deux états, deux groupes, deux êtres… Homme et femme, masculin et féminin, droite et gauche, jour et nuit, aube et crépuscule, naissance et mort, ciel et terre, facilité et difficulté, monde visible et monde invisible. Grâce à eux, j'ai pris conscience davantage encore que, pour être heureuse, il me fallait intégrer dans mon quotidien cette réalité que la vie est faite de paires d'éléments qui s'alternent, s'opposent mais dépendent toujours les uns des autres.

37

Stade de La Beaujoire, Nantes, mercredi 7 février…

— Monsieur l'arbitre ! Vous voyez bien qu'il est impossible de jouer au football. Il est encore temps d'arrêter le match. Et ce n'est pas drôle pour vous non plus. Le terrain est un immense champ de patates…

— Monsieur Murati, avec tout le respect que je vous dois, je vous informe que nous venons d'entrer dans le dernier quart d'heure. On ne met pas un terme à une partie un quart d'heure avant la fin…

Pour la première fois depuis que je joue au PSG, je porte le brassard de capitaine. J'en suis fier et je prends mon rôle très au sérieux.

La pluie, ou plutôt devrais-je dire des hallebardes, s'est mise à tomber dès la première minute. J'ai l'impression de jouer au water-polo, pas au football. Et j'ai beau courir dans tous les sens, je n'arrive pas à me réchauffer. Je vois bien aussi que mes camarades ne sont jamais rentrés dans ce match. Ils n'y sont pas.

Ils ont bien d'autres choses en tête, et je les comprends. Moi-même, pour supporter l'eau glacée qui me coule dans le dos, je pense à Ingrid, je pense à Sélénoï aussi.

Je n'arrête pas d'y penser en fait. Sans culpabilité, cette fois. Ça, c'est nouveau pour moi ! Après tout, Ingrid ne m'a-t-elle pas expliqué que dans la vie tout fonctionnait par paires ? Pourquoi devrions-nous réserver l'exclusivité de notre amour à une seule personne ?

Ce stade me fait penser à un bateau ivre qui tangue dans la tempête. Dire qu'elles sont toutes les deux dans les tribunes. Elles ont bien choisi leur match !

Ces deux-là sont devenues inséparables. J'espère au moins qu'elles ont l'attirail du parfait supporter en pareille circonstance, doudoune, couverture, bonnet...

Lorsque j'ai la balle, je préfère tenter de la garder plutôt que de construire le jeu de façon encore plus aléatoire. Mais la conserver n'est pas une mince affaire. Après un corner tiré devant notre cage par les *Canaris*, tout de jaune vêtus comme il se doit, j'hérite du ballon au petit bonheur la chance, et je pars en contre.

Las ! Une flaque pour ne pas dire un marécage m'arrête net et le ballon est récupéré par le jeune avant-centre du FC Nantes, le polonais Mariusz Weleza. Celui-ci ne se pose pas de question et balance aussitôt la balle en direction de Klaus. Centre ou tir ? Aucune importance. Je ne suis pas inquiet. Et alors que je m'attends à ce que notre grand gardien se saisisse de la balle relativement facile qui rebondit devant lui, et relance aussitôt, il y a un faux rebond.

Elle finit dans sa figure et c'est but ! Non, pas ça !!! Mon pauvre ami doit nourrir une terrible frustration. Je me précipite pour le prendre dans mes bras et le consoler.

Un but gag, mais un but quand même. Voilà les Nantais qui mènent 1-0. Mes coéquipiers sont dépités. Ils ont le masque. J'essaie de les encourager, mais j'ai du mal à y croire moi-même.

J'y crois d'autant moins lorsque cinq minutes plus tard, il en reste neuf, je tente un une-deux avec Marco, mais la balle qu'il me redonne en première intention reste lamentablement collée au sol, au fond d'un trou d'eau. Mon sang ne fait qu'un tour, je pars comme une fusée me plaindre auprès de l'arbitre, mais cette fois de façon véhémente :

— Vous avez vu, vous avez vu ? Vous trouvez que c'est du foot ? Vous pensez qu'on n'a que ce qu'on mérite ? Que nous sommes nuls ? C'est vous qui l'êtes !

— Vous vous prenez pour qui, monsieur Murati ? Restez à votre place.

Alors là, je m'emporte carrément :

— Vous êtes content de votre petit pouvoir, ça vous fait jouir ?

Je le sens venir, mais je m'en contrefiche. Il farfouille dans sa poche de devant. Jaune ou rouge ? C'est rouge. En une fraction de seconde, toute l'équipe est venue m'entourer de son soutien. J'ai recouvré mon calme. Je donne mon brassard à Klaus, et file, la tête haute et un sourire aux lèvres, vers le banc de touche puis au vestiaire. Au moins, je serai au sec.

Au passage, le coach me gratifie d'une petite tape amicale dans le dos. Je suis assis sur un banc au milieu du vestiaire déserté. J'ai ôté mon maillot, retiré mes chaussures, gardé mon short, mes chaussettes et mes protège-tibias. Je ne pense à rien.

Puis, je vais sous la douche. Je repense à ce que m'a dit Mayiani hier : « Chez l'homme, il y a trop de soucis, trop d'exigences. Atteindre la sérénité et le bonheur ne dépend jamais seulement de lui. »

À peine le temps de me sécher que j'entends une vive clameur qui ne trompe pas : nous avons été battus ! Mais je m'en fiche, j'ai donné le meilleur de moi-même, je suis bien, très bien même, et je vais retrouver mes deux femmes…

38

En Touraine avec Sélénoï, deux mois plus tard…

Cette nuit le temps a changé, le vent d'est s'est levé. En quelques heures, il a balayé les nuages. J'ai pris ma voiture au petit matin, il faisait encore nuit.

Quand Sélénoï m'a passé un coup de fil hier soir pour m'inviter à passer la journée avec elle au Pré-en-Joie, je n'ai pas eu la force de dire non. Je n'avais pas d'entraînement, pas de match, j'ai accepté.

Sur la route, tout à l'heure, j'ai pris conscience que je travestissais ma lâcheté sous le noble habit de la liberté. J'y ai beaucoup réfléchi, tout en reprenant à tue-tête *Life on Mars,* chanson à la fois désespérée et pleine de fougue de David Bowie.

Quand elle m'a dit : « J'aimerais tant que tu viennes », j'aurais dû refuser et lui dire la vérité simple, que j'en aime une autre, Ingrid, sa nouvelle amie. Pour y arriver, il m'aurait fallu de la poigne. Lorsque je conduisais, je me suis dit que l'amour n'est décidément pas pour les paresseux.

Sur l'autoroute, j'ai su avec certitude que tout ce qui nous arrive n'est pas seulement le fruit de notre volonté, mais que la route de notre vie est déjà tracée et qu'il nous suffit de la suivre. Le problème, c'est que la vie n'est pas une autoroute. Il y a des déviations et des détours. Aux carrefours de cette route, il y a des choix à opérer : emprunter d'autres directions ou continuer tout droit.

J'en ai conclu que si j'avais décidé de prendre cette déviation vers le Pré-en-Joie, c'était pour ne pas avoir de regrets. Me conduira-t-elle dans un endroit meilleur ou pire ?

Pour l'heure, je reste rivé aux yeux rieurs de Sélénoï, à son petit nez retroussé et à la sensualité de sa bouche, bref à son insolente beauté, incapable d'esquisser le moindre geste.

— Je vais te faire vivre la cérémonie du thé si chère à mes yeux et à ma famille. Nous y recourons toutes les fois que nous craignons d'être submergés par le pessimisme.

Comme au ralenti, elle se lève pour se saisir d'une brassée de branchages et l'entreposer dans la cheminée sous le fait-tout pendu à une crémaillère. Puis elle y glisse un journal en bouchon et craque une allumette.

— Le feu brûle tout, purifie et éclaire la vie. Faire un feu, c'est engendrer la vraie vie, ça demande du détachement et de la patience, me dit-elle comme si de rien n'était.

Je suis fasciné par ce qu'elle est, par ce qu'elle dit, par ce qu'elle fait, tout mon beau discours échafaudé ce matin et mes résolutions s'envolent en fumée. Elle dépose dans l'âtre une bûche bien sèche à la texture rugueuse, puis une seconde. Le grondement des flammes baisse d'une octave.

Le feu me fait généralement revivre des scènes merveilleuses de mon passé, mais là, je suis centré sur le présent, et une joie extraordinaire se dégage de tout mon être. Je ne dis rien car je ne veux pas perdre une miette de ce que Sélénoï est en train de faire.

Elle se courbe au-dessus du lourd récipient pour y verser du lait cru à peine coupé d'eau. Puis elle se tourne vers moi, comme pour s'excuser, et me dit :

— C'est un peu long, mais je surveille la température car il faut éviter une ébullition prolongée.

Je hoche la tête. S'il se dégage de cette jeune femme une telle sérénité, c'est parce qu'elle a l'art d'équilibrer chacun de ses gestes sans effet de force.

— Cette calebasse que je tiens renferme les précieuses feuilles Highgrown-Pekoe, un thé noir corsé qui est cultivé sur les hauts plateaux du Kenya, m'explique-t-elle en me gratifiant d'un merveilleux sourire.

Elle ôte le capuchon de la gourde et aux premiers frémissements du lait, en saupoudre le liquide. Idem avec le sucre roux, « indispensable pour éliminer l'amertume du thé et diminuer son goût légèrement fruité », me susurre-t-elle encore.

Je suis inconfortablement assis sur un tabouret, mais vivre un tel moment, n'est-ce pas cela le vrai confort ? Je continue de la regarder bouche bée en train de remuer le breuvage écumant à l'aide d'une longue cuillère en bois.

J'essaie tant bien que mal d'analyser ce qui m'attire en elle, ce que je ressens. C'est en tout cas tout sauf la tornade intérieure d'un choc amoureux dans lequel chacun apporte à l'autre ce qui lui manque. Même si je devine en elle une douceur qui me fera toujours défaut. Même si elle porte toujours à l'annulaire de sa main gauche l'anneau de perles complémentaire au mien.

Non, ce qui est sûr, c'est qu'elle dégage un magnétisme peu commun, tout en délicatesse et parfaitement indéfinissable. Plus que le physique et une quelconque attirance sexuelle, je pense que c'est ce mystère-là qui m'aspire le plus en elle. Le désir impérieux de le percer à jour.

Elle enfile un gant et je suppose qu'elle s'apprête à décrocher la marmite bouillante de son support. Je me précipite d'un bond pour l'aider. Mais elle m'arrête d'un geste malicieux et éclate de rire :

— C'est très gentil de ta part de vouloir m'aider, mais tu vas te brûler les mains, rassieds-toi.

J'obtempère en la saluant comme un militaire et en prononçant les mots cultes :

— « Oui, chef ! »

— Repos ! me réplique-t-elle avec tendresse.

Après avoir filtré le liquide dans une théière en porcelaine rouge, elle dépose celle-ci à côté de moi sur un guéridon.

Elle se passe une main sur le front. Transpirant abondamment, mais ne s'étant départie à aucun moment de son franc sourire, elle s'en va jusqu'au vaisselier et en sort quatre grands mugs.

— Pourquoi quatre ? À ma connaissance, ni ta mère ni ton frère ne sont présents dans la maison.

— Tu as raison, mais je vais t'expliquer.

Elle se rassoit à mes côtés sur un tabouret inconfortable comme le mien et poursuit avec conviction :

— Nous restons fidèles à la philosophie de la paire. Le thé doit se boire à bonne température, ni trop chaud, ni pas assez.

Joignant le geste à la parole, elle verse le contenu de la tasse pleine dans la vide, en la montant le plus haut possible et en l'écoulant en une seule fois d'un geste ample.

— La navette entre les deux peut durer de longues minutes, mais ce sont toujours des minutes d'extase car les vibrations liquides se mêlent à un concert de voix joyeuses.

Elle fait une pause, visiblement pour mieux se concentrer, et complète :

— Le *chaï*, « l'art maasaï de recevoir pour le thé », est un instant de partage pendant lequel tout le monde s'arrête pour jouir du foyer et de la présence de chacun.

Lorsque je m'essaie à l'exercice, le va-et-vient nous fait rire aux larmes car je m'en mets partout. Je n'ai pas le coup de main.

— Tant pis, je vais attendre qu'il refroidisse de lui-même.

— Prends ton mug avec toi et suis-moi ! m'intime-t-elle en me prenant par la main. Allons dans la grande pièce à vivre, j'aimerais te faire découvrir un morceau de piano que j'adore.

Le soleil inonde le salon. Je m'installe à ses côtés devant les touches noires et blanches qui brillent comme de la nacre.

Ses longues mains se sont posées avec la délicatesse d'un battement d'ailes de papillon. Ses doigts les effleurent à peine et les sons qu'ils produisent me font déjà frissonner. Je reconnais *Love is a Mystery* de Ludovico Einaudi, l'un de mes airs préférés. Peut-on encore parler de hasard ? Lorsque le papillon a fini de virevolter sur le clavier, je le prends entre mes mains et pleure à chaudes larmes.

Une heure plus tard. Une bouffée de senteurs étranges flotte dans l'air. Je discute avec Sélénoï au bord de l'eau. Nous sommes assis en tailleur sur une natte, dans la cabane toute ronde qu'elle a construite elle-même.

Le froid piquant est atténué par un soleil radieux. Je suis au zénith de ma forme. Un peu plus tôt, elle a insisté pour que je prenne dans mes bras le tronc d'un arbre très curieux que je ne connaissais pas, un ginkgo biloba.

— As-tu ressenti quelque chose ? Est-ce qu'il t'a adressé des messages ? me chuchote-t-elle, mutine.

— J'étais bien.

C'est la seule réponse qui me vient. Je suis surtout bien au contact de cette fée, complété-je en mon for intérieur.

— Dans la maison de mon enfance, il y avait un arbre qui lui ressemblait, renchérit-elle avec passion. Il était si grand qu'il fallait se mettre à neuf pour en enlacer le tronc ! J'aimais bien lui rendre visite, quelque chose en moi chantait à ces moments-là. À son contact, je savais qu'il y avait un ordre supérieur dans les choses et que je faisais partie de cet ordre, comme tout ce que je voyais.

Elle ferme les yeux. Je l'imite pour mieux assimiler ce qu'elle est en train de me dire. Il y a quelque temps, j'aurais décroché en me disant : « Encore une frappadingue ! », mais là, je me sens branché sur le même courant qu'elle et je me laisse électriser.

Je suis émerveillé par sa connaissance approfondie de l'âme humaine et de la vie sous toutes ses formes. Elle poursuit d'une voix très joyeuse :

— De sa naissance à sa mort, l'arbre est toujours immobile au même endroit. Avec ses racines, il est plus près du cœur de la terre ; avec son feuillage, il est plus près du ciel. Il attend la pluie, il attend le soleil, il attend une saison, et puis une autre. Aucune des choses qui lui permettent de vivre ne dépend de sa volonté.

Plus rien durant un temps interminable, puis son timbre chaud retentit de nouveau :

— Lorsque tu épousais le tronc du biloba tout à l'heure, j'ai reçu un message de l'Invisible. Tu obtiendras bientôt le fameux Ballon d'or. Et ce sera le point de départ pour toi d'un indéfectible engagement.

Elle vient se lover contre moi, puis, me prenant la tête entre ses mains avec une vigueur que je n'aurais jamais soupçonnée de sa part, elle me déclare comme une évidence connue de tous :

— Tu te situes là où la Déesse *Enk'Aï* a placé les étoiles du jour, c'est-à-dire à l'endroit le plus sûr que nous ne puissions voir. Va en paix, mon grand ami, et continue de flotter à la surface de la terre. Jamais tu ne sombreras. Ta mission est si sacrée. Tu dois nourrir au travers de ton sport et de ton attitude l'éveil de millions de gens qui souffrent d'un terrible manque. Tu as tant à faire, tant d'espoir à donner !

39

Stade Matmut-Atlantique, Bordeaux,
deux mois plus tard...

« Le coup de sifflet final vient de mettre fin au calvaire des Girondins de Bordeaux. Ils sont battus 9-0. Le PSG est champion de France, à neuf journées de la fin. L'heure de Skender Murati a sonné », lance le speaker avec enthousiasme.

« La star du PSG a encore réussi un nouveau "coup du chapeau" en à peine dix minutes, et les huées d'avant match se sont muées en des cris d'incrédulité et d'admiration.

« Les buts se sont empilés avec une facilité si déconcertante pour le PSG que même les supporters parisiens n'ont pas pris la peine de les célébrer. En plein match, un spectateur a profité d'un moment d'inattention pour s'infiltrer sur le terrain et foncer sur Skender pour lui demander son maillot.

« Paris supergéant, le PSG est champion de France ! », conclut-il en rendant l'antenne.

Après avoir salué tous les joueurs de Bordeaux, nous sommes allés communier avec nos supporters. Cinq minutes top chrono, le temps d'une ola et de quelques offrandes. Le club des Girondins, très fair-play, a participé à la fête à sa manière.

Les enceintes du stade bordelais flambant neuf diffusent *Go West*, l'hymne parisien, puis un *Samba di Janeiro* qui met en transe les trois joueurs brésiliens de Paris.

Je reste bien plus placide, mais me fais un plaisir de repartir aux vestiaires avec le ballon du match sous le bras. Je l'ai promis à Ingrid.

Une fois rentrés pour nous changer, nous chantons tous, joueurs, coach et membres du staff, pendant de longues minutes et tapons sur les portes.

L'écho de cette célébration improvisée résonne dans les couloirs du stade, à l'instar de la musique techno et rap qui s'échappe de la sono, installée pour l'occasion.

Puis s'enchaînent ensuite les photos souvenirs et les vidéos avec mes partenaires, entonnant le désormais traditionnel « Champion, mon frère ! »

Au même moment, la cohue est à son comble en zone mixte, le champagne coule à flots. L'affluence donne des sueurs froides au service d'ordre dont les consignes demeurent lettre morte.

Pour ne rien arranger, des quidams en quête d'un autographe ou d'un selfie se mêlent aux journalistes. Le tout dans une ambiance toujours bon enfant.

Face à eux, les Parisiens assurent le service minimum. Le sourire aux lèvres, ils leur glissent des mots d'excuse, désireux de s'épargner l'exercice fastidieux des questions-réponses.

Et surtout, ils voudraient bien profiter à plein du repos que vient de nous accorder le coach jusqu'à mercredi.

De mon côté, je ne suis guère pressé. Je reste à proximité d'une grappe de journalistes, en compagnie d'Ingrid, et leur déclare, très détendu : « Cette femme est ma motivation. Quand elle est là, je suis plus concentré sur le match. C'est un être exceptionnel. »

Mais la saison du PSG est encore loin d'être terminée. Voilà pourquoi la grande fête est remise à plus tard. Avec le secret espoir qu'elle aura pour théâtre le Stade de France, le 26 mai, le soir de la finale de la Ligue des champions !

40

À Barcelone, en conférence de presse, mardi 8 mai…

Heureusement que je parle assez bien l'espagnol, car je n'ai pas cru bon de demander l'assistance d'un interprète, préférant m'exprimer directement et surtout simplement, tel que je suis.

Je promène un regard plein de fierté sur les plus de deux cents journalistes de presse écrite, de radio et de télévision, qui se sont déplacés jusqu'à Barcelone à la veille de la demi-finale retour de la Ligue des champions.

Jordi Del Compo tamponne discrètement ses pommettes et, d'une voix vibrante de satisfaction, lance à un énième journaliste espagnol l'interrogeant sur les raisons de mon efficacité : « Il a changé, c'est certain… J'ai appris à l'apprécier pour ses magnifiques valeurs humaines… Il est dans une forme éblouissante parce qu'il travaille, qu'il a l'amour du maillot et aussi l'amour des autres, de ses partenaires, du staff, des supporters… »

J'interromps mon coach avant qu'il ne devienne par trop lyrique à mon égard. J'entends rester strictement sur le terrain du football et du match qui nous attend. Mais aucun son ne sort. J'ai comme un chat dans la gorge et un voile noir à la place des pupilles.

Je fixe le septième rang de perles jaunâtres qui scintille curieusement à mon doigt. Mayiani vient de me le remettre car, m'a-t-il annoncé non sans fierté, j'ai semble-t-il lâché mes dernières entraves liées au passé pour libérer l'enfant intérieur plein de richesse. Je suis selon lui rentré pour de bon dans mon vrai programme de vie.

Mon esprit résonne encore de ses paroles à la fois fortes et fermes :

« *Tu as su dire non, tu as mis en acte le fait que tu n'étais plus d'accord. Tu as eu l'attitude "Mme Neijia" ("Pas d'accord de ne pas être en accord") qui, chez les Maasaï, signifie que rien ne peut être désormais ajouté ni retranché à sa propre décision. Tu as compris, tout comme eux, qu'il était vain de gaspiller ton temps à cogiter et à ruminer, ce qui te vidait physiquement et psychiquement. Tu t'es senti prisonnier du poids de l'indécision, ne parvenant plus à entrer dans le monde réel qui était en toi. Tu t'es senti de nouveau confronté à une croisée des chemins, et tu as dû trancher. Tu as surtout compris, et je t'en félicite, que c'est la peur qui te faisait croire au mal, et qui te noyait jusqu'à il n'y a pas si longtemps dans le négatif, t'annihilant. Aujourd'hui que tu as tranché, tu es totalement à ce que tu fais, pas de différence entre le penser, le dire et le faire.* »

— Pardonnez-moi pour ce silence. Je suis très ému… En tout cas, ne croyez pas ce que dit mon coach, il n'est pas objectif. (Rires dans la salle de conférences du Camp Nou). Si je marque beaucoup de buts, c'est grâce à un incroyable esprit d'équipe. Le foot est un sport d'émotions. Nous ne pouvons pas séparer nos états d'âme ou ce qui se passe dans nos vies de ce que nous faisons sur le terrain. En tout cas, moi je ne peux pas. Pour bien jouer, j'ai besoin que les autres m'affirment qu'ils veulent que je sois là. Une fois qu'on a ça, on donne tout en retour.

Sous les spots de la télé et avec la chaleur humaine des journalistes entassés comme des sardines, cela tient du sauna.

Nouveau silence, rompu par mon cher Hans Dickel, du *Spiegel*. Où que je sois, il n'est jamais très loin ! Je ris intérieurement, non pas tant à cause de son espagnol impeccable parlé avec un accent guttural cher à mes amis bavarois, mais en raison de son éternelle veste à rayures et de sa chemise rose avec ses cols en forme d'oreilles de cocker.

— À l'aller, vous n'avez pas existé, pensez-vous que chez eux, vous aurez davantage d'espace pour vous créer des occasions et refaire votre retard ?

— Herr Dickel, ils ont eu plus de soixante-dix pour cent de possession de balle dans cette partie, et de très nombreuses occasions, dont deux tirs sur les poteaux. Le challenge du match retour sera le même, mais nous aussi, nous avons une équipe capable de rivaliser avec n'importe laquelle, même le grand Barça ! À nous d'avoir ce petit supplément d'âme qui fait la différence.

Pas le temps de souffler que ma grande copine, Jeanne Le Dantec, de *France Football*, toujours fidèle elle aussi, me toise de ses yeux bleu saphir et me déclare en roucoulant :

— Vous n'êtes pas sans savoir que si vous arrivez à vous qualifier de nouveau pour la finale de la Ligue des champions, vous aurez toutes les chances d'obtenir le fameux Ballon d'or.

— Le football est un jeu d'équipe où ce que l'on donne est au moins aussi essentiel que ce que l'on reçoit. Demain, je vais tout donner, non pas pour devenir le futur Ballon d'or, mais pour que le PSG se qualifie pour la finale.

41

Camp Nou, Barcelone, mercredi 9 mai…

Nous sommes à quelques secondes du coup d'envoi. L'ambiance est électrique. Les quelques milliers de supporters parisiens qui ont fait le déplacement peinent à se faire entendre.

Les trois quarts des spectateurs, pour ne pas dire plus, présents dans ce stade gigantesque ont revêtu les couleurs bleu et rouge grenat du club catalan. Ça s'agite dans tous les sens, et, c'est bizarre, je ne me sens pas très bien. Dans la journée, le ciel s'est couvert peu à peu : d'abord des nuages blancs, présence familière et rassurante ; et puis, du fond de l'horizon, sont arrivés les nuages gris – impossible d'y lire son avenir – ; et ce soir, le ciel vient de refermer son couvercle, tout s'est assombri, il pleut… des idées noires. Un drôle de pressentiment.

Je repense à notre veillée d'avant match, hier soir, à notre hôtel, où Jordi Del Compo nous a fait une belle surprise. Le coach nous a projeté une vidéo. Nous nous attendions aux images classiques de nos adversaires, dont l'entraîneur se sert pour nous expliquer le jeu et nous préparer au match. Mais ce n'est pas ce que nous avons vu.

Dans ce film, les épouses, petites amies et enfants des joueurs de l'équipe nous ont envoyé des images de soutien, nous disant à quel point ils nous aimaient, combien ils pensaient à nous. Ces images avaient été tournées à notre insu au cours des semaines précédentes, et c'était émouvant de les voir sur cet écran. Personne n'est resté indifférent, et surtout pas moi.

Ingrid chantait à tue-tête une déclaration plus que touchante ; Sélénoï interprétait au piano l'hymne de la Ligue des champions ; Mayiani brandissait un bouclier géant sur lequel il avait peint un magnifique numéro 9 ; quant à ma maman, elle était trop émue pour dire quoi que ce soit, se contentant de me regarder, ou du moins l'œil de la caméra, avec ses yeux d'amour.

J'éprouve d'un coup le besoin de parler à mes partenaires que je trouve dangereusement hébétés. Je leur fais signe à tous, gardien compris, de me rejoindre. L'arbitre tente de m'en dissuader.

— J'en ai pour une seconde, *Mister Referee* !

— Les gars, mettons-nous en cercle, tenons-nous très fort. Soyons vigilants, jouons en équipe, aimons-nous, aimons nos adversaires aussi, et rien ne pourra nous arriver. Je vous en donne ma parole, je vais tout donner pour ce match. Je vais tout donner. Nous n'avons qu'un petit but à remonter, ce n'est pas la mer à boire… Nous irons en finale.

Revenu dans le rond central, j'observe à deux mètres de moi le numéro 9 de Barcelone, l'Uruguayen Paulo Sinorez, qui tape sur le ballon du bout du pied et me regarde en souriant, avec l'air de me narguer, sous-entendu : « On ne va faire qu'une bouchée de toi et de ton équipe ! »

Au lieu de surenchérir dans ce registre négatif, je ris moi aussi mais pour mieux lui crier : « Que le meilleur gagne ! » Cela dit, je n'en mène pas large, et je comprends vite pourquoi.

Dès le coup de sifflet de l'arbitre, Sinorez distille un long ballon à l'entrée de la surface de réparation parisienne pour « Speedy Mostari » qui amortit de la poitrine et enchaîne par un petit lob sur Emiliano Salvatori. Je n'en crois pas mes yeux. Celui-ci se jette comme un beau diable pour tenter de dégager de la tête, mais l'insaisissable Lionel Mostari a déjà eu le temps de reprendre la balle en demi-volée.

Un but incroyable. Le tout s'est passé en à peine dix secondes. J'ai gardé les mains sur les hanches, en parfait touriste. J'avais raison de me méfier. Mon intuition était la bonne. Les minutes qui suivent sont terribles. L'étau ne se desserre pas d'un orteil, nous sommes dans la nasse.

Je cours comme un fou pour tenter de trouver des espaces, ça, j'en trouve, mais je n'ai pas la balle. Elle est confisquée par des joueurs affamés, comme si leur vie en dépendait. Nous sommes tous repliés en défense, moi compris. Et si par bonheur je récupère le ballon, c'est pour le perdre aussitôt. Que faire ? Alors que nous sommes déjà à court de souffle et de solutions…

Le tic-tac a commencé dans ma tête. Abattu, je lève les yeux vers l'horloge, qui égrène les minutes et les secondes sans aucun état d'âme. Elle affiche 21 h 22. Je calcule, cela fait déjà trente-sept minutes que nous jouons.

Lorsque je les rabaisse, je reste figé d'effroi. Le Camp Nou est en fusion. Nous venons de concéder un deuxième but. Barcelone a porté le score à 3-0 sur l'ensemble des deux matchs, grâce à un but d'école d'Andres Larabal sur une parfaite passe décisive de Mostari, encore lui.

Baisser les bras, c'est la première chose qui me vient à l'esprit. Remonter trois buts face à une très, très, très bonne équipe de Barcelone au Camp Nou ? Impossible, impossible !

C'est alors qu'une sorte de déclic s'opère en moi. Une petite voix s'anime tout doucement en mon for intérieur : « *Rien n'est impossible. Commence par déposer tes valises pleines de doutes auprès de la Banque de l'Univers. Tu avais oublié ? Elle va s'en charger pendant que toi, tu vas pouvoir remobiliser toute ton énergie autour de ton jeu.* »

Les minutes suivantes sont éprouvantes car rien ne change vraiment, ou plutôt si, les supporters des *Blaugranas*, comme on appelle ici les joueurs du Barça, sont devenus totalement hystériques.

Une chose extraordinaire se produit alors, juste avant la mi-temps. Improbable !

Franck Perry contrôle le ballon de la tête, continue sa course comme un bolide, distance les défenseurs, puis me l'envoie à l'autre bout de la surface. Je contrôle à peine et, sans me poser de question, l'expédie dans les filets catalans d'un puissant tir du pied gauche.

Tout cela s'est passé si vite que j'ai clairement vu dans tout le stade un arrêt sur image.

Je cours vers le poteau de corner, comme je le fais parfois, glisse à genoux et salue les supporters parisiens qui se remettent subitement à donner de la voix. Puis, pour la première fois je crois, je remercie spontanément *Enk'Aï*, la fameuse Déesse-Mère universelle des Maasaï, au dire de Mayiani l'« Intelligence Infinie de l'Univers qui nous guide en toutes circonstances ».

Las, les « Bleus et Grenats » viennent à peine d'effectuer la remise en jeu, que, patatras !, le pendule de la vie est déjà reparti dans l'autre sens.

Carton rouge pour notre latéral Layvin Kurk qui ne proteste même pas. Il est expulsé pour avoir donné un coup de genou à Ivan Kurkovic alors qu'il n'avait pas le ballon. Nous allons devoir jouer toute la seconde mi-temps à dix contre onze, avec encore deux buts à remonter et sans en prendre un seul. De nouveau mission impossible ?

À la mi-temps, dans le long couloir qui mène au vestiaire, tout le monde halète bruyamment en raison des efforts que nous avons dû fournir pour courir et surtout défendre.

Une fois la porte refermée, caméras dehors, Jordi Del Compo prend immédiatement la parole :

— Les garçons, vous avez été magnifiques. Je sais à présent que nous avons de quoi enrayer la machine bien huilée du Barça… À condition d'offrir des solutions de passes moins exposées à la sortie du ballon. Rappelez-vous le même match joué l'an dernier par le Bayern. Comme nous, ils étaient menés et à la fin… Mais je laisse à Skender le soin de vous expliquer.

Pris de court, je sors simplement les mots qui me viennent :

— Nous avons su nous replier aussi quand il le fallait. Si nous avons remporté le droit de disputer la demi-finale, c'est uniquement parce que nous avons alterné entre les deux extrêmes, selon le rythme et l'évolution du match : un pressing haut, puis un repli conséquent devant la surface…

Je prends soudain conscience que c'est exactement la philosophie maasaï de la vie, avec toujours deux extrêmes qui s'alternent mais sont complémentaires…

Ça fait tilt dans ma tête. Et comme je sais que le hasard n'existe pas, j'exhorte mes troupes, coach compris, à former tant bien que mal un cercle au centre du vestiaire. Je ris parce que mon cercle a plutôt la forme d'un serpent de mer. Peu importe, c'est l'intention qui compte. « Les gars, fermez les yeux, respirez par le ventre, laissez vos pensées vagabonder, visualisez les deux buts que nous allons marquer sans en prendre un seul du camp adverse. Et surtout, dites à l'univers : "Merci !" Merci pour toutes nos difficultés car il n'y a pas de bien-être sans difficulté. Pas de victoire sans échec. Merci la vie. »

69e minute : toujours 2-1 (3-1 au total des deux manches) pour le Barça. Mais, je demeure confiant et optimiste, car l'équipe joue soudée et arrive assez bien à alterner attaques placées et replis défensifs. Bien qu'en infériorité numérique, je nous sens également moins fatigués qu'en première mi-temps, autre bon signe.

La minute suivante, je suis accroché par le défenseur Juan Ballasteros à environ trente-cinq mètres des cages barcelonaises. L'arbitre siffle un coup franc, plein axe. Je me relève sans un mot, déjà concentré (en fait, comme cela m'arrive la plupart du temps, je visualise le ballon qui rentre, au détail près…).

Pour brouiller les cartes, Angel s'est placé à mes côtés, même si tout le monde se doute que c'est moi le tireur. Le mur est en place à neuf mètres, neuf mètres cinquante. Visiblement, les Barcelonais se sentent invincibles. Un peu trop à mon goût.

À ce stade, je sais que je vais marquer. Je reviens vers le ballon, le saisis, l'embrasse comme si c'était Ingrid, le repose minutieusement, prend mon élan et, d'une frappe violente, l'expédie dans les filets. 2-3. Plus qu'un but à remonter.

La stupeur dans le stade est inversement proportionnelle au déchaînement d'amour de mes partenaires : « On t'aime, on t'aime. »

Je réussis à m'extirper de ma bande de joyeux lurons et regagne notre moitié de terrain, régénéré comme si nous commencions le match. Je sais à présent que nous allons nous qualifier pour la finale qui aura lieu, fin mai, au Stade de France. C'est écrit !

Mais, le troisième but tarde à venir. Qu'à cela ne tienne, je continue de remercier l'univers, *Enk'Aï*, l'univers, *Enk'Aï*…

Nous jouons maintenant les arrêts de jeu. Sur un contre, je fais une très longue passe du milieu de terrain à Franck Perry sur le côté gauche, et file comme Usain Bolt me placer dans la surface espagnole. Il déborde, il centre, je me jette et je marque d'une tête plongeante devant le pied du défenseur Sergio Feliu.

Là, je me mets à faire un sprint (de joie indicible), bien résolu à ce que personne ne me rattrape, car je veux dédier ce but à ma comtesse préférée, ainsi qu'à Sélénoï, et bien sûr à son frère Mayiani à qui je dois tant, qui sont tous les trois quelque part dans l'immensité du Camp Nou.

Tout en courant, je rapproche mes mains pour former un cœur et regarde en direction des tribunes. Puis, je fixe une caméra, en caressant mon cœur avec tendresse, à l'adresse cette fois de ma maman qui doit être bouleversée.

Je suis fou d'amour, je chavire de bonheur.

Dans la foulée, l'arbitre siffle la fin du match. Nous sommes qualifiés pour la finale.

42

Au bout de la nuit, à La Conca, S'Agaro, dans la villa d'Ingrid…

Je délie mes jambes avec lenteur dans l'onde bienveillante. Le bien-être que je ressens est tel que je me crois au paradis. Les étoiles scintillent dans le ciel et dans mon cœur. Je suis en apesanteur, bien au chaud dans la piscine au-dessus de la plage.

Qui suis-je ? Où suis-je ? Je suis à l'écoute des vibrations subtiles et douces propagées par le liquide et ressenties par mon épiderme. Je me demande par quel miracle toute ma fatigue s'en est allée.

Je suis en finale de la *Champions League* comme l'an dernier. Mais ce que j'éprouve aujourd'hui n'a rien à voir avec mes ressentis de la première fois.

Hormis quelques bulles de champagne pour trinquer à la victoire avec l'équipe, je n'ai pas eu le besoin impérieux de me griser davantage, j'avais une telle allégresse déjà en moi. Quel chemin parcouru depuis ma qualification pour la demi-finale avec mon ancienne équipe !

Nous avons quitté le vestiaire après minuit. Nous chantions, délirions, et le trajet du retour à notre hôtel a été dément. Mais l'image la plus forte qui me reste, c'est qu'au moment de quitter ce fabuleux stade, en plein cœur de la capitale catalane, celui-ci s'est illuminé de bleu, de blanc et de rouge, et je me suis émerveillé en songeant combien la vie pouvait être extraordinaire.

À l'hôtel, j'ai retrouvé Ingrid, Sélénoï et Mayiani. J'étais au comble du bonheur. La fête battait son plein sur le toit-terrasse de l'hôtel lorsque nous nous sommes extirpés tant bien que mal du reste de l'équipe, de leurs amis et de leurs familles, pour venir jusqu'ici. J'avais hâte de retrouver cet endroit préservé, unique, situé à trois quarts d'heure à peine de Barcelone.

J'ai maintes fois eu l'occasion par le passé de venir ici en villégiature, vivant à chaque fois des moments intenses et paisibles dans cette maison sublimissime, située dans un écrin de pins parasols et de végétation luxuriante, face à la grande bleue.

Je me hisse hors de la piscine, longe celle-ci et emprunte une allée qui dessert les chambres dissimulées par la verdure. Je pénètre à pas de loup dans la chambre où Ingrid et Sélénoï sont censées dormir. Au passage, j'ai enfilé un peignoir.

Un peu partout, les flammes de bougies dansent dans de somptueux photophores, et une odeur subtile de bois de rose flotte dans l'air tiède. Je n'ai pas envie de dormir. Quelle heure peut-il être ? Cinq heures ? Quelle importance ? Ce que je vis est si particulier que je ne veux pas perdre une miette du temps présent. J'aurai tout le temps de me reposer lorsqu'il le faudra.

La chambre d'Ingrid est aussi vaste qu'élégante, agrémentée çà et là de profonds canapés, de tables basses et de meubles en laque ou incrustés de nacre. Une bougie achève de se consumer sur une table basse en fer forgé doré à la feuille d'or.

J'arrive enfin au lit à baldaquin, et je reste fasciné par le spectacle des deux jeunes femmes que j'aime plus que tout au monde, dormant comme des bienheureuses dans une position peu banale. Elles sont, à distance l'une de l'autre, pelotonnées comme des bébés en position du fœtus, la tête rentrée, le menton collé sur le torse, les jambes repliées sur le ventre, et les genoux le plus haut possible vers les épaules.

Rassuré, je décide de revenir sur mes pas pour continuer d'être à l'affût de ce que recèle cette nuit de magiciens que nous sommes tous à notre insu…

Un bruit d'éclaboussement, je viens de replonger dans la piscine à débordement.

43

Chez moi, à Montmartre, dans la cuisine,
dimanche 20 mai…

Le ciel est en train de passer du gris ardoise au bleu lourd, profond, presque noir. Un court instant, mes yeux sont ailleurs, mais, très vite, ils reviennent à ce que je fais.

De merveilleuses odeurs se répandent dans la pièce, c'est de bon augure. Je viens de faire suer au beurre un oignon et de l'ail haché. Je prends la feuille de papier dans ma main gauche pour tenter de déchiffrer l'écriture en pattes de mouche de Katell, tout en remuant consciencieusement, avec l'autre main, à l'aide d'une spatule en bois.

J'y suis presque. « Quand ils ont légèrement blondi, ajouter la chair du crabe et le corail ; laisser revenir pendant quelques minutes. »

Je suis totalement à ce que je fais. Être le créateur d'un plat en devenir, même si je ne fais que suivre scrupuleusement la sacro-sainte recette de ma cuisinière, c'est vraiment gratifiant.

« Maintenant, verser le cognac et flamber. » Mais quelle quantité ? Toute la bouteille ? Soyons raisonnable tout de même, j'ai ma finale de Ligue des champions à jouer dans quelques jours ! À moi de décider. D'un bref coup de poignet, je renverse la bouteille un petit quart de seconde. Puis je m'empare de la boîte d'allumettes, en craque une et je jubile en m'émerveillant du spectacle de la poêle en feu.

De nouveau concentré, je me saisis une fois de plus de la recette avec le désir de réussir la fin : « Ajouter la panade préparée. »

« Sans oublier le persil et la crème. » OK ! C'est fait.

« Bien remuer et assaisonner à votre convenance. » Je ne lésine pas sur le poivre aux cinq baies, et surtout sur le curcuma, que j'adore.

Je remue encore et toujours, le fumet est irrésistible. Je goûte une fois, puis deux, puis trois… C'est sublime. Il faut que j'arrête d'en manger, sinon il ne va rien rester.

« Farcir les carapaces lavées des tourteaux avec cette préparation, puis saupoudrer de chapelure et parsemer de noisettes de beurre. » Je m'y emploie avant de les déposer religieusement dans un grand plat en Pyrex, tout en les contemplant non sans fierté.

— Hum ! Ça sent bien bon par ici.

Je me retourne, ébahi. Mayiani a toujours l'art d'être là où on ne l'attend pas. Enfin, si, je l'attendais, mais sans l'attendre, en tout cas pas avant une heure. Qu'à cela ne tienne.

Il est vêtu d'un jean et d'une chemise blanche impeccable, c'est la première chose qui me saute aux yeux. Je le prends dans mes bras et le serre très fort en lui donnant de grandes tapes dans le dos.

— Doucement, doucement, je ne suis pas à farcir comme ton crabe !

— Justement, je suis impatient de te faire goûter mon plat, ou plutôt, pour être honnête, la recette de Katell revisitée par votre serviteur.

Mayiani a déjà pris place sur un tabouret de bar attenant au plan de travail. Il me confie, l'air de rien :

— Je suis tout surpris de te voir cuisiner. Tu as renvoyé Katell ?

— Ne te méprends pas sur mon initiative. C'est tout à fait exceptionnel.

— Mais c'est très bien, il n'y a aucun mal à transgresser de temps en temps certaines règles en matière d'alimentation, de sommeil ou de bonheur. Après tout, la vie n'est-elle pas faite de petits plaisirs ?

Je lui confesse sans vouloir me justifier :

— Dans la semaine, je me nourris maintenant de légumes crus ou cuits à la vapeur, accompagnés de quinoa et de pois chiches, le tout arrosé d'un filet d'huile d'olive.

— Je te félicite. Tu es à présent un chef footballeur autant qu'un footballeur en chef.

— Goûte-moi ce petit vin issu des vignobles de Montmartre.

Nous choquons nos verres.

— À quoi trinquons-nous ? me demande-t-il avec innocence.

— À ma finale au Stade de France, rétorqué-je sans réfléchir.

— C'est à toi que je veux boire si tu le veux bien, me dit-il avec un plaisir évident.

Nos verres s'entrechoquent de nouveau.

Je bois une gorgée du breuvage, je le trouve légèrement sucré, puis j'ouvre le four afin de voir où en sont mes crabes. J'ai une faim de loup.

Je reviens m'asseoir à ses côtés. Il me prend alors la main et m'annonce le plus sérieusement du monde :

— Tu as réussi, toutes mes félicitations !

— Attends un peu qu'ils soient dorés avant de me féliciter.

— Non, non, je veux dire, tu as réussi à vaincre tes peurs, à rester relié à l'univers et aux autres, à ne pas créer de divisions en toi ni autour de toi, à tirer parti des épreuves, et enfin à faire l'expérience de ce qui est.

— C'est tout?

— Ton grand mérite est d'avoir su appliquer au quotidien ta quête d'unité intérieure et d'ouverture de la conscience, les deux ferments essentiels d'une vie épanouissante.

— Merci à toi, je te dois tellement. Tu as raison, lorsqu'on s'est connus, je suppose que mon subconscient était resté aux ordres de mon mental, et c'était par conséquent quelqu'un d'autre qui s'exprimait à ma place. Aujourd'hui, je me sens libre. Je me sens quasiment en permanence rechargé en énergie vitale. Je ressens comme si mon environnement, mes pensées et mes sensations s'étaient entièrement renouvelés. Comme quoi, rien n'est inéluctable, jamais!

Je me lève d'un bond, j'ai oublié les crabes. J'ouvre le four précipitamment, j'enfile des gants de cuisine matelassés pour ne pas me brûler les doigts, et retire le plat avec précaution.

— Parfaits! Ils sont parfaits, me semble-t-il.

Je le place sur un dessous-de-plat avant de me saisir de l'une des deux carapaces pour la déposer dans l'assiette de mon hôte. Je fais de même pour moi.

— Assez parlé! Goûte-moi ça, tu m'en diras des nouvelles.

— Succulent, merveilleux!

Je goûte à mon tour, c'est un délice, il n'y a pas d'autre mot. On n'entend bientôt plus que le seul ballet sonore des fourchettes, récoltant la chair des crabes, avec recueillement.

Soudain, Mayiani se dandine sur son tabouret comme si une mouche l'avait piqué, et sort de sa poche de pantalon une feuille de papier. Il la déplie et me met dans la confidence:

— Mon père est en train d'écrire un livre sur les Maasaï. Il y tient beaucoup. Cela fait des années qu'il y consacre ses loisirs, car son métier lui laisse peu de temps. Je voudrais t'en lire un extrait si tu veux bien.

— Avec joie, lui dis-je, en lui donnant une tape amicale dans le dos.

— Merci, dit-il avant de commencer sa lecture :

« Des Maasaï, on ne connaît que leur longue silhouette au port altier, drapée de rouge. Des figurants photogéniques tels que dans *Out of Africa* de Sydney Pollack… Ce que l'on ne sait pas, c'est qu'ils se transmettent de génération en génération une spiritualité riche, vécue au quotidien, d'une portée universelle, et qui conçoit l'homme comme le cocréateur de l'univers. »

Il fait une pause, hésite un instant, comme pour vérifier si je l'écoute bien, et poursuit :

« Chez eux, il n'existe ni philosophie, ni dogme religieux. Ils vivent la réalité en faisant corps avec elle, tout en ayant pleinement conscience de ce qu'ils doivent apporter en tant qu'individus et membres d'une collectivité pour maintenir l'équilibre et l'harmonie dans la grande chaîne de la vie. »

Le voyant replacer le papier dans sa poche, j'interviens :

— S'il te plaît, j'aimerais en savoir plus. Continue !

— Ce n'est pas nécessaire. Toi, tu le pratiques au quotidien, maintenant. C'est d'ailleurs ce qui a changé ta vie. C'est cela être Maasaï, rien d'autre. Pas de différence entre le penser, le dire et le faire.

Je m'efforce de garder mon calme, mais c'est difficile, tant je suis excité par ce qu'il vient d'exprimer. Une lueur malicieuse anime son regard. Il ajoute :

— On ne peut s'engager vraiment pour les autres que lorsqu'on est en paix avec soi-même. Ce qui est désormais ton cas. Concentre toute ton énergie sur ta finale au Stade de France, et ensuite, je voudrais que tu m'accompagnes en Tanzanie pour que tu ressentes dans ta chair et dans ton cœur ce qu'est la vibration maasaï. Là-bas, j'aurai quelque chose d'important à te montrer !

L'émotion me gagne. Du coup, je me lève pour ouvrir la fenêtre. La petite brise et les pépiements des moineaux me font du bien. Puis, je file discrètement jusqu'à l'autre bout de l'étage, farfouiller dans mon bureau, et en reviens avec un petit cadeau pour mon adorable « cocréateur » d'ami.

Je le lui tends. J'avais pris soin de confectionner le paquet moi-même en le recouvrant d'un papier de couleur rouge comme il se doit. Il écarquille les yeux puis le défait avec lenteur. Il en extrait le maillot « Skender Murati », floqué de son numéro 9. Le visage radieux, il lève les yeux vers moi avec incrédulité.

— Et ces signatures, là, qu'est-ce que… ?

Jamais je ne l'avais vu hésiter, pour ne pas dire bredouiller à ce point-là. Je renifle en refoulant mes larmes et lui presse la main.

— C'était au Camp Nou, après notre qualification, je suis allé voir Mostari, Sinorez et Nener avec mon maillot pour qu'ils y apposent leurs signatures. Je l'ai fait pour toi.

Il s'extasie devant le maillot comme un gosse qui vient tout juste de découvrir le plus beau trésor du monde. Je reste une éternité à le contempler, empli de toute l'amitié que j'ai pour lui. Il se lève et me prend dans ses bras, si fort que j'en ai la respiration coupée. Un seul mot m'est murmuré à l'oreille : « Merci ! » Qu'il répète neuf fois…

44

Stade de France, Saint-Denis,
dans la tribune présidentielle, samedi 26 mai…

En zoomant sur les visages dans la tribune présidentielle, on pourrait croire que les personnalités sont atteintes de sinistrose.

Elles portent pour la plupart une cravate noire et, malgré le temps clément et une douce température, sont engoncées dans de longs manteaux de la même teinte. On dirait qu'elles assistent à un enterrement.

Au centre, le président de la République lui-même regarde sa montre toutes les deux minutes. S'ennuit-il ? Il est 21 h 19. Il reste par conséquent onze minutes à jouer dans la première mi-temps.

Pourtant, côté terrain, le jeu est virevoltant, palpitant, ça va à cent à l'heure d'un camp à l'autre.

Pas de temps mort, pas le temps de penser à autre chose qu'au jeu et à ses prouesses. Rien à voir avec ces finales où l'on s'endort le plus souvent car le calcul et la stratégie prennent le pas sur le mouvement et la spontanéité propices au jeu d'attaque.

Là, les spectateurs et les centaines de millions de téléspectateurs du monde entier retiennent leur souffle, car ils ont droit ce soir à un final de rêve, débridé, où un football total, délivré sans calcul par les deux équipes, fait rugir de plaisir les travées pleines à craquer et débordantes de ferveur.

Toutefois, en s'attardant plus en détail sur le tableau mortifère de la tribune présidentielle, on ressent un imperceptible et troublant phénomène. Il s'agit en l'occurrence de la chancelière allemande, assise à gauche du président français.

En réalité, dès que Skender Murati récupère le ballon, elle serre le poing gauche. Mais ce n'est pas visible, car celui-ci est enfoncé dans la poche de son manteau.

Son attitude figée n'est qu'une façade. En effet, l'éclat de ses yeux verts et le plissement des petites rides à l'angle de ceux-ci montrent clairement que la chancelière prend un immense plaisir à assister à ce match si intense.

Et à l'évidence, elle a un petit faible pour le numéro 9 du Paris Saint-Germain.

D'ailleurs, n'y tenant plus, elle se lève brusquement au moment où Skender, après deux crochets qui venaient d'éliminer le dernier défenseur du Bayern, se retrouve seul dans un face-à-face de feu avec Manuel Kemperer, et tente une balle piquée. Mais, c'est juste au-dessus.

Les apparences viennent de voler en éclats. La chancelière vit intensément la finale de la Ligue des champions, tout comme le Stade de France en ébullition.

Pour la première fois, le président français lui adresse un clin d'œil de connivence.

Mais pourquoi soutient-elle avec une telle passion l'avant-centre de l'équipe française ?

Certes, Skender Murati a joué pour le Bayern et est toujours la grande star de l'équipe nationale d'Allemagne. Mais, en tant que représentante de son pays, on se serait pour le moins attendu à ce que, au Stade de France, devant les caméras du monde entier, elle supporte l'équipe allemande, pas le PSG ni son numéro 9 !

Marco Vitti envoie le ballon à Skender qui contrôle et le donne à son tour à Lentas. Ils font un une-deux. La balle ne touche pas terre. L'avant-centre du club de la capitale en profite pour la reprendre de volée et l'expédier dans la lucarne droite du portier allemand.

Entre la première touche et le but, il y a eu sept secondes. Sept petites secondes qui ont transporté la chancelière.

Au cœur de l'action, elle s'est levée puis rassise, puis levée, et, à la conclusion, il lui a sans doute fallu toute sa retenue de maîtresse femme pour ne pas exploser de joie.

Tout à son bonheur, elle n'entend pas ce que le président français lui glisse à l'oreille. Il est vrai qu'elle est excusable, tant les deux tiers des 81 267 spectateurs présents, soudain délivrés d'un grand poids, expriment leur joie dans un tonnerre de cris et d'applaudissements.

La mi-temps est sifflée peu après, et c'est toute pimpante qu'elle précède son homologue français dans l'antre du stade en folie.

Le président de la République a ordonné qu'on les laisse seuls à la mi-temps, la chancelière et lui. Il a une chose urgente à lui demander, et il a pensé, en fin stratège, que dans le cadre de cette grande fête du football, sa requête somme toute banale serait accueillie favorablement.

Le chef de l'État s'installe dans un profond fauteuil de cuir et fait signe à la chancelière d'en faire autant. La pièce est petite mais plutôt chaleureuse, propice aux confidences. Chacun a un plateau posé à ses côtés sur un guéridon. Outre un bouquet de roses blanches, celui-ci comporte plusieurs coupes de champagne et regorge de canapés et de macarons.

Ils portent un toast.

— À l'Allemagne ! dit laconiquement le président en choquant sa coupe avec celle de son hôte de marque.

— À la France et à cette finale merveilleuse ! ajoute fiévreusement la chancelière.

Ils boivent tous les deux une gorgée et reposent leur verre. Puis ils se servent à manger.

La femme d'État a troqué sa gestuelle de parfaite supportrice contre une attitude plus compassée, jusqu'à ce qu'elle jette son dévolu sur une pyramide de macarons colorée.

Le président français, quant à lui, ne touche à rien et semble ailleurs. Il n'arrête pas de tripoter sa montre, comme si celle-ci avait le pouvoir d'emprisonner le temps.

Sans doute fourbit-il ses armes pour aborder la question qui lui brûle les lèvres.

Il commence toutefois par poser à la dirigeante de la première puissance économique d'Europe une question anodine. Nous en sommes encore aux préliminaires mondains. À ce rythme-là, aura-t-il le temps de lui faire sa vraie demande ?

— Madame la chancelière, une interrogation me titille, et vous ne m'en voudrez pas d'être aussi direct : pourquoi étiez-vous si heureuse tout à l'heure lorsque Skender Murati a marqué son but ? Si je ne m'abuse, il ne joue plus au Bayern de Munich mais au Paris Saint-Germain.

Elle répondit sur le ton de l'évidence :

— Monsieur le président, c'est très simple. Skender Murati me fascine depuis toujours. Il est beau, redoutable et efficace. On dirait un lion. Nous avons beaucoup de chance, car, sans lui, nous ne nous serions pas qualifiés pour la prochaine coupe du monde.

Le président insiste, quelque peu agacé, ou du moins pressé maintenant d'en venir au fait :

— Oui, je suis bien d'accord, mais ce soir, il joue contre vous !

— Sauf votre respect, monsieur le président, on peut jouer dans un autre club qu'un club allemand, c'est un choix personnel, tout en restant fidèle au maillot de la Mannschaft.

Le sentant quelque peu embarrassé et peut-être aussi pour lever toute ambiguïté, elle précise :

— Peut-être ne le savez-vous pas, mais Skender Murati est devenu un ami. Je précise un ami, pas un amant !

Elle étouffe un rire qui ne demande qu'à être tonitruant, et poursuit :

— En fait, j'ai connu Skender lorsqu'il avait à peine dix ans. Il venait d'arriver avec sa mère en Allemagne *via* la Macédoine. Ils avaient fui le Kosovo et les horreurs de la guerre en ex-Yougoslavie. J'étais en charge des réfugiés à cette époque-là.

Elle se tait et fixe le regard oblique de son interlocuteur, puis reprend avec entrain :

— Nous n'avons guère de temps. Je sais que vous désirez me faire part de quelque chose d'important. Je vous en prie, la parole est à vous.

Le président n'en revient pas de cette aubaine, mais se retient de montrer sa joie. Il lui faut un « oui » ou un « non » de sa part, un « oui » de préférence. Et vite, car dans trois minutes, le match va reprendre, et la chancelière d'Allemagne n'est sûrement pas du genre à rater le début de la seconde mi-temps d'une telle finale.

Il se racle la gorge et dit d'une seule traite, en essayant de garder un air dégagé :

— Madame la chancelière, concernant le dossier épineux de la nouvelle convention-cadre des Nations unies sur le changement climatique, les peuples autochtones du monde entier sont en passe d'avoir gain de cause pour que des droits leur soient reconnus en tant que gardiens naturels de l'environnement et…

— Je voterai « pour », intervint-elle un peu sèchement.

— C'est très bien. Mais ne pensez-vous pas qu'il faudrait retarder cette initiative, certes louable, de mise en place d'un droit foncier communautaire sécurisant leurs droits à leurs terres et à leurs territoires ?

— Vous savez tout comme moi, monsieur le président, que la menace qui pèse sur eux au travers de l'extraction des ressources naturelles et des minerais a des effets très négatifs sur l'environnement.

Une pause, puis :

— Je sais où vous voulez en venir. Instaurer un flou juridique de sorte que continuent de croître au profit des pays occidentaux les investissements autour de l'extraction de leurs ressources. C'est du pillage, et ce temps-là est révolu selon moi.

Après cette déclaration sans appel, on pourrait entendre une mouche voler dans cette pièce aux portes capitonnées. La chancelière n'a jamais vu son interlocuteur, d'habitude si correct et même drôle parfois, dans cet état.

Les mâchoires crispées, le teint livide, semblant bouillonner intérieurement, le président se radoucit et abat sa dernière carte :

— La France s'est engagée en Afrique dans des zones reculées où l'on vient de découvrir d'immenses champs pétrolifères. Or, il s'agit de régions ayant souffert de marginalisation. On ne peut pas gâcher de telles opportunités susceptibles de leur apporter enfin un développement digne de ce nom !

Sa réponse claque comme un coup de fusil :

— *Nein !* À la Conférence de Paris sur le climat, les peuples autochtones du monde entier se sont engagés dans tous les programmes sur le changement climatique. Nous nous devons de les soutenir.

Sur ce, elle se lève, déjà ailleurs, reconcentrée sur « son » match qui va reprendre d'une seconde à l'autre, imitée par le président français, ailleurs lui aussi, mais dans une tout autre partie…

La finale a à peine repris que Gerd Vati marque d'une puissante volée du pied gauche à la limite de la surface de Klaus Klump. Les 25 203 supporters du Bayern se lèvent en même temps, ovationnant durant de longues secondes leur idole. À l'inverse, le reste du stade s'est éteint à l'image d'un feu étouffé, d'un seul coup, alors que l'on ne s'y attendait pas.

La chancelière en reste bouche bée. Quant à son voisin, nullement remis de sa déconvenue, il ne s'est même pas rendu compte que les Allemands venaient d'égaliser. Pour lui, ils mènent de toute façon, et les Français ne reviendront jamais au score. Dans sa tête, il a déjà perdu et n'a qu'une envie, s'éclipser et oublier tout ça.

Les Parisiens sont à présent fébriles. Ils demeurent dans leur camp, perdent trop rapidement le ballon, mais parviennent malgré tout à ne pas concéder d'occasions.

À l'inverse, les joueurs du Bayern sont euphoriques et attaquent à tout va. Contre toute attente, le PSG va-t-il reprendre l'avantage ?

Marco Vitti vient de servir en retrait, légèrement à droite de la surface allemande, Angel Paradiso instantanément tire, mais trop sur le gardien Manuel Kemperer. Le ballon revient sur Skender Murati dont la tête en déséquilibre passe juste au-dessus…

Le match perd alors de son intensité.

Cinq minutes supplémentaires sont annoncées par le quatrième arbitre, au moment où le numéro 9 parisien retrouve peu à peu sa capacité à éliminer tout en faisant le bon choix et la bonne passe. La chancelière a réintroduit sa main gauche dans la poche de son manteau, et recommence à serrer le poing.

Quant au Stade de France, il chavire de bonheur devant son « roi » retrouvé. « Ici, c'est Skender ! », « Ici, c'est Paris ! » redoublent de foi dans la victoire.

Alors que l'on se dirige vers les prolongations, un ballon en profondeur d'Emiliano, vers le coin gauche de la surface du Bayern de Munich, est récupéré de « pied » de maître par Skender Murati qui élimine Philip Becker et Julius Kempes d'un crochet intérieur et lève la tête : Manuel Kemperer, dans le but, a anticipé. Le numéro 9 de Paris, l'ayant vu depuis l'angle de la surface, frappe de l'extérieur du gauche en pleine lucarne.

Fin et pensé ! La chancelière ne peut cette fois résister, mais, au lieu de lever les bras au ciel, ce qui aurait eu toutes les chances d'être mal interprété, elle étreint son éminent voisin.

Celui-ci reprend vie. Après tout, pense-t-il, peut-être va-t-elle changer d'avis, à l'instar de ce match fou qui a rebondi à la dernière seconde ! Le Paris Saint-Germain remporte sa première Ligue des champions. Et Skender Murati, sa deuxième à la suite…

45

En Tanzanie, pays maasaï, le 29 mai…

Je lève les yeux au moment où un aigle ravisseur plane dans un courant thermique.

Je m'engage derrière Mayiani revêtu d'un drapé à carreaux bleus. Où m'emmène-t-il ? Il n'a pas voulu me le dire. Nous sommes sur un chemin sinueux longeant la berge d'une rivière à sec, à la lisière de grands acacias seyal à l'écorce jaune pâle et d'arbres à fièvre aux troncs ocre.

Par leur majesté et leur grâce, ils lui ressemblent. Toute la journée, je l'ai observé avec bonheur. Il n'a eu de cesse de caresser amoureusement la peau des arbres comme pour s'assurer de leur complicité ou de leur verdict, coupant une branche ici, une écorce là, ou extrayant de leurs troncs des liquides de toutes les couleurs.

Depuis mon arrivée avant-hier, je ressens tellement fort l'empreinte du lieu et l'emprise d'une culture que j'ai envie de communiquer mon allégresse à la terre entière.

Nous avons élu domicile dans la maison de bouse et de branchages de ses grands-parents, bâtie parmi dix-huit autres, à la périphérie d'un cercle végétal au centre duquel leurs vaches sacrées passent la nuit. J'y dors comme un bébé bercé par le crépitement d'un feu de bois et le tintement des clarines.

Hier soir, nous nous sommes assis parmi les bêtes à cornes, sur des tabourets, à ressentir *olegoti le boo*, « la chaleur de la terre ». « C'est comme si les vaches et moi ne formions qu'un dans le placenta de la Terre-Mère, c'est chaud et sécurisant », m'a-t-il expliqué. C'est exactement l'expérience que j'ai vécue.

Des tisserins gendarmes s'en donnent à cœur joie, tout à la construction de leurs nids en suspension.

Mayiani a stoppé net sous un commiphora sans feuilles d'un blanc spectral. Il me pointe du doigt des girafes maasaï au pelage parsemé de taches étoilées, se déplaçant lentement, de leur démarche à l'amble.

En arrière-plan, la montagne Blanche, c'est ainsi que les Maasaï appellent le mont Kilimandjaro, donne l'illusion d'avoir perdu la tête, son sommet « enneigé » flottant sans support au-dessus des nuages.

— Cette terre est vivante et riche, me déclare Mayiani avec autorité, parce que les Maasaï ont su la conserver intacte. Ils en connaissent les limites et, dès les premières alertes de surexploitation d'un endroit, ils en changent. Et les animaux sauvages, en particulier les ongulés qui paissent la même herbe que leurs vaches, sont bien plus que tolérés, ils font partie de leur vie.

Nous repartons. Que le foot est loin de moi ! Toute cette agitation, tous ces faux-semblants. Je me sens si bien ici.

En plus, les Maasaï, tout comme Mayiani, sont des gens d'une incroyable gentillesse, ne sachant que faire pour vous donner du baume au cœur.

Depuis une bonne heure, j'ai noté que la végétation avait changé. À perte de vue, des hautes herbes blondes ondulent avec nonchalance.

Hormis un couple de phacochères, la queue dressée en l'air, suivis de quatre marcassins, cavalant, placides, en file indienne, la faune sauvage se fait moins dense. Ici, plus de zèbres, de gnous ou d'antilopes.

Pourquoi ? Je préfère réserver mes questions pour plus tard.

Mon ami et guide s'est de nouveau arrêté, à la hauteur d'arbustes vert argent dégageant un parfum plutôt agréable.

— C'est de la sauge. Nous allons en récolter.

— Pour en faire quoi ?

— Tu verras bien, me répond-il plein de mystère en me tendant un étui végétal fin comme du papier à cigarettes. Je le déplie comme lui-même l'a fait avec le sien et me mets au travail.

Ce n'est pas trop difficile. Ça sent bon, c'est doux au toucher et ça se coupe aisément. En quelques minutes, nos sacs en sont remplis.

Pas lourd mais encombrant, j'imite Mayiani qui, de son bras gauche, maintient le sien en équilibre sur le sommet de son crâne. Je ris de le voir esquisser des petits pas de danse en cambrant son corps, poussant la tête en avant et psalmodiant des sons rauques.

À présent, la pente est raide. Brusquement, mon pied glisse et je tombe sur le côté. Je me raccroche d'une seule main à une racine et je reprends mon souffle.

— Tu vas bien ?

Mayiani est revenu sur ses pas pour me relever.

— Oui, ça va, pas de souci. Mais, maintenant que ça grimpe dur, puis-je savoir où nous allons, car tout ce que je vois droit devant, c'est une barrière rocheuse infranchissable ?

— Je peux bien te le dire. Nous allons passer la nuit en surplomb dans une sorte de caverne généralement occupée par des chasseurs-cueilleurs.

— Tu les connais ?!

— Ne t'inquiète pas, ce sont des amis. Mais, ils ne sont pas là en ce moment.

Nous nous remettons en route. Pour atteindre notre antre, il nous faut désormais quasiment escalader, voire ramper entre de gros blocs de rochers noirâtres sur un sentier à pic qui fait un coude. Les six derniers mois m'ont légué une énergie indomptable qui surgit dans les difficultés.

Après un ultime effort pour franchir les derniers mètres, je me saisis d'une liane pour me hisser sur un promontoire. La douceur de l'herbe, pourtant cendreuse et rêche en cet endroit très minéral, me fait grogner de joie. Je m'y roule avec volupté, fermant les paupières pour reprendre ma respiration normale. Lorsque je les rouvre, des mouches lumineuses passent devant mes yeux, et Mayiani est assis à côté de moi.

— Les difficultés, ça te connaît ! Mais depuis que tu as appris qu'on en vient toujours à bout, tu ne gémis plus. C'est une grande victoire, me lance-t-il dans un gros éclat de rire en me déposant sur le dos une longue toge rouge, pour m'épargner du froid ?

Mais je meurs de chaud ! Les yeux rivés sur l'horizon, depuis notre poste d'observation, je scrute en spectateur ébahi l'espace grandiose des steppes. J'adore l'heure qui précède le coucher du soleil, quand tout paraît recouvert d'une poussière d'or et qu'une lumière jaune auréole la silhouette des collines.

Je suis bien plus qu'un spectateur. Je communie, en accord total avec moi-même et avec la nature.

Je pénètre dans la grotte à la suite de Mayiani. Il s'agit d'un renfoncement constitué de roche à peu près plate, un lieu idéal qui permet de voir loin sans être vu.

À l'entrée, des monceaux de bois mort sont entreposés près d'un âtre composé de trois pierres d'inégales grosseurs. Les chasseurs-cueilleurs sont prévoyants, pensé-je.

Mon jeune compagnon n'a guère attendu pour se mettre à genoux et frotter l'un contre l'autre deux forets à feu entre ses paumes grandes ouvertes. Une fumée à peine perceptible s'en dégage, puis il y rajoute des brins d'herbe.

Il se penche pour souffler dessus. Bientôt, une flamme apparaît, qui embrase un petit tas de brindilles, d'herbes sèches et d'épines.

Mayiani dépose délicatement le tout dans le foyer, puis y associe des branches plus importantes et finalement deux ou trois bûches qui commencent à crépiter.

Il se rassoit à mes côtés et me tend un mug rempli à ras bord de thé caramélisé encore chaud. Il avait emporté un thermos. J'en bois une gorgée, et il en fait autant.

Je laisse mon esprit vagabonder avec nostalgie. Des phalènes tournent lentement dans le cercle lumineux des bûches en feu.

Mon frère maasaï me regarde, très concentré. Il n'a rien perdu de sa superbe naturelle. Sans transition, il me dit avec sérieux :

— « Nul n'est propriétaire de l'herbe ! », proclament les Maasaï. La terre ne leur appartient pas puisqu'elle est à *Enk'Aï*, et qu'ils ne sont là que par Sa seule grâce. Se sachant de bref passage ici-bas, ils reconnaissent également aux autres êtres vivants un égal accès aux ressources, à l'équilibre duquel ils ont la mission sacrée de veiller en permanence. Ils comparent la nature à une immense toile d'araignée, menacée de mort si un seul de ses fils n'a pas été respecté. Les arbres en particulier ont chez eux une très haute valeur spirituelle, au point que leur abattage arbitraire est un épouvantable tabou. Seul un rituel de prières préalable peut permettre d'éviter les conséquences de sa transgression.

Je bois ses paroles.

Les flammes accélèrent leur danse et les effluves d'insolites encens m'enveloppent d'un nouveau bien-être.

Mayiani poursuit son exposé :

— Les points d'eau sont des lieux tout aussi sacrés, et aucun village traditionnel n'a le droit de s'y implanter sur un rayon de cinq kilomètres carrés. Inspiré, baigné dans cette conception unique de leur rapport au monde, leur mode de gestion de l'environnement s'est attaché de tout temps à mettre en œuvre des activités purement pastorales liées à leurs vaches et à l'interdépendance avec toutes les espèces. Mais la stabilité de leur pur pastoralisme a toujours dépendu de l'accès à une gamme très variée d'écosystèmes différents. C'est d'ailleurs pourquoi les Maasaï s'étaient rendus maîtres d'un gigantesque territoire, au sens de « protecteurs de la terre » selon leur spiritualité hautement écologique. Avant que les colons n'arrivent en Afrique de l'Est et ne les dépossèdent de leurs meilleurs pâturages, il épousait sur plus de douze cents kilomètres les caprices topographiques de la dépression du rift, du nord du Kenya jusqu'au milieu de l'actuelle Tanzanie.

Une pause. Il poursuit avec une même expression intérieure :

— On a parlé des Maasaï comme d'un peuple « errant ». Rien n'est plus faux. Leur mobilité est une stratégie vitale pour récolter les ressources sans les épuiser. Elle n'a jamais été fortuite et obéit au cycle des saisons : pâturages d'altitude, mieux arrosés, à la saison sèche ; pâturages de plaine, à la saison des pluies. Chaque année, ils les utilisent en alternance. Sans compter que leurs mouvements servent aussi à fuir la présence d'insectes indésirables tels que la mouche tsé-tsé et les tiques, vecteurs de maladies mortelles pour leurs troupeaux domestiques autant que pour eux-mêmes…

Il est intarissable, comme à son habitude. Si humble et sûr de lui. On sent chez ce grand sage malgré son jeune âge le goût de transmettre sa passion pour la vie et les êtres vivants, mais plus encore pour la vérité et la justice. Je suis transporté, ému par ses paroles et son timbre de voix autant que par le calme de cette nature. J'en redemande.

Notre échange est interrompu par des cris stridents, pour ne pas dire des hurlements d'effroi qui me font froid dans le dos.

— Des hyènes qui se disputent ! me précise-t-il tout sourire.

Des chauves-souris glissent dans l'air doux, le ciel est violet. Malgré la nuit tombée, on y voit presque comme en plein jour. Les étoiles brillent mais pas autant que l'astre lunaire, que je n'ai jamais vu d'une telle blancheur. Je bois une gorgée de mon thé qui, devenu froid, a gagné en saveur.

Mayiani s'est levé pour alimenter le feu, et reste ensuite accroupi.

Les oiseaux de nuit et les crapauds buffles chantent leur complainte, mais un son discordant vient brusquement de se mêler aux staccatos de la brousse. J'entends très distinctement le son d'un véhicule passant en première pour aborder la série de descentes et de montées qui zigzaguent depuis la piste principale.

J'aperçois maintenant le faisceau blanc d'un 4 × 4 à grand empattement, tractant une remorque. Il balaie le pied de la falaise où nous nous trouvons.

— Qu'est-ce que… ?

Mayiani me fait signe de me taire. Il s'est couché de tout son long et m'invite à l'imiter. Je m'exécute, sentant sur le dos de mes mains les picotements caractéristiques de la peur.

Un deuxième véhicule s'est garé derrière le premier. Une Toyota Land Cruiser. Je perçois de légers bruits de pas et distingue les silhouettes furtives de trois individus courant tête baissée avant de se fondre dans un bouquet d'arbres.

— Le feu, le feu ! murmuré-je, pris de panique. Ils vont le voir.

— Ne t'inquiète pas. Ils le voient sûrement, mais ils ont l'habitude. Ils savent qu'il s'agit d'un repère de chasseurs-cueilleurs et ils les tolèrent car ils sont inoffensifs à leurs yeux.

— Inoffensifs ? Mais de quoi parles-tu ? Que font ces types ?

— Chut ! me dit-il dans un souffle en joignant le geste à la parole.

Un imperceptible craquement dans l'obscurité. Mon cœur remonte dans ma gorge avant de tomber d'un coup dans mon estomac. Je suis tétanisé.

Dire qu'il y a une semaine, je brandissais la coupe aux grandes oreilles, au Stade de France !

J'entrevois du mouvement autour de la remorque tout en hauteur. Il y a un bruit de chaînes. Sinistre. Deux hommes athlétiques en vêtements amples déplacent une chose visiblement très lourde et inanimée, un animal, un mouton ou une chèvre peut-être, à en juger par les pattes qu'ils tiennent pour le transporter.

Ils déposent leur fardeau à une trentaine de mètres de la Jeep, puis reviennent sur leurs pas.

De nouveau un bruit de chaînes, tout aussi perturbant. Mais, cette fois, les deux hommes se sont hissés sur le toit de la carriole et se sont munis de fusils. L'un des deux se penche pour entrebâiller le hayon.

Je retiens mon souffle. Une lionne à la nonchalance naturelle et à la prestance quasi hiératique vient de sauter à terre. « Le roi des animaux ».

J'entends quelqu'un siffler, et une stridence en réponse juste derrière lui. L'obscurité se fait soudain plus profonde. Je commence à piger.

Tout à l'heure, éprouvant une torpeur salvatrice dans la douceur du feu, il était exaltant de rester là en silence à écouter les bruits du crépuscule. Maintenant, j'attends, apeuré, que le roi de la savane morde à l'appât.

Un puissant projecteur s'allume dans sa direction et l'emprisonne dans son faisceau. Il s'avance lentement, énorme et antique, vers sa proie offerte, lorsqu'un sifflement aigu et un petit « floc » dans l'eau d'une petite mare, accompagné d'un geyser, percent la nuit de façon incongrue. Puis, le bruit sec de deux coups de feu rapprochés.

Je penche la tête côté droit, et j'aperçois le reflet métallique d'un fusil entre les premiers arbres.

La lionne paraît cueillie par une main invisible. Stoppée net, elle tourne sur elle-même avant de s'écrouler comme une masse.

Elle ne bouge déjà plus, couchée sur le flanc. Le tout a duré moins de cinq secondes.

Je suis violemment retourné. Mon cœur s'emballe. Le stress et l'incompréhension. Mais, constatant que Mayiani est demeuré serein et assuré, je recouvre la paix peu à peu.

J'admire sa manière calme et déterminée d'affronter la vie, sa sagesse, ses connaissances, mais par-dessus tout son aptitude à s'adapter à toutes les situations. Pour moi, il correspond bien à l'aspiration muette que tout garçon nourrit en lui-même, en quête d'une figure de héros. Je puise un grand réconfort dans sa présence.

— Qu'est-ce qu'on fait maintenant ? lui chuchoté-je à l'oreille, démuni et frustré de rester là sans rien faire.

— Rien ! me répond-il, laconique. On attend.

Le silence de mort ayant suivi les coups de feu, puis un chuchotement à peine audible de voix retenue se sont mués en surexcitation et en cascades de rires.

Les tireurs qui s'étaient planqués parmi les arbres se sont maintenant mis à découvert. Ils accourent comme des dératés vers le corps inerte de la lionne qu'ils ont abattue pour leur plaisir.

Ils exultent littéralement. Obscènes. Arrivés à proximité du félin, ils lèvent leurs fusils à lunette et sautent en l'air comme des enfants en s'époumonant : « On a gagné ! »

Des Français ?

Grotesque, navrant. Je ne décolère pas. Si au moins ils avaient été à l'affût d'un « vrai » lion avec la nécessité vitale de viser et de tirer juste. Jouer les aventuriers dans un scénario où tout a été prévu jusque dans le moindre détail, comme dans un jeu vidéo, me fait froid dans le dos.

J'hallucine encore plus en les voyant s'étreindre et s'embrasser à bouche que veux-tu.

Un couple ?

Peut-être est-ce la meilleure façon qu'ils ont trouvée de vivre une lune de miel ? En plongeant « au cœur des ténèbres africaines », et en consommant, dans le même intervalle qu'une séance de cinéma, ce qu'ils croient être les charmes exquis du monde sauvage.

Ils se font à présent des selfies avec leurs portables. Plus tard, ils raconteront leurs exploits à leurs enfants.

De longues minutes se sont encore écoulées. Ils se mettent à plusieurs pour porter la pauvre lionne et la hisser dans le 4 × 4.

Des portières qui claquent. Le ronronnement des moteurs. Puis, plus rien.

Si, la respiration de la nature et les bruits de la nuit qui ont retrouvé leurs droits, comme s'il ne s'était jamais rien passé. Comme le réveil après un cauchemar. Hormis la chèvre ou le mouton, laissé en pâture aux animaux nécrophages, du moins c'est ce que j'imagine, que restera-t-il de cet intermède sanglant et gratuit ?

Une sensation de tristesse, de désolation et de froideur.

Mes poumons se dilatent dans la fraîcheur du soir, et j'hésite à questionner plus avant le jeune Maasaï, impressionnant d'immobilité. J'ai froid, et je me lève pour rajouter deux bûches dans le feu.

— Ne te rassois pas ! me dit-il d'un regard qui déborde d'affection et de bonté.

Suis-je tellement à plaindre ?

— Nous allons confectionner nos lits.

— Nous allons passer la nuit ici ?

— Tu ne penses tout de même pas sérieusement qu'il serait prudent de rentrer au village à cette heure tardive !

— Parce qu'il est plus prudent de rester ici après ce à quoi nous venons d'assister ?

Il me fixe de ses yeux vifs et me rétorque cette phrase lapidaire :

— Il y a toutes sortes de prédateurs.

Long moment de silence. On n'entend plus que le bruissement de la savane et les craquements du feu.

— J'y pense. Avec quoi allons-nous faire ces lits ?

— À quoi peut servir la sauge que nous avons récoltée tout à l'heure ?

Il se lève d'un bond pour récupérer les sacs, et m'en lance un à la figure comme s'il voulait jouer.

En temps normal, j'aurais ri, mais là, impossible de desserrer la mâchoire. Je dois avoir l'air halluciné. Lui, pas du tout. Ses gestes sont déliés. Il opère, joyeux, comme à l'accoutumée. Sac vivement retourné, contenu délicatement disposé, matelas efficacement constitué. Quel tableau !

Lorsque je m'y emploie, c'est nettement plus laborieux.

Le parfum que répand cet étalage de feuilles m'apporte néanmoins du réconfort.

Mayiani vient d'alimenter le feu de plusieurs bûches supplémentaires, si bien qu'à présent, j'ai presque trop chaud.

— Enroule-toi bien dans la toge que je t'ai donnée, car au milieu de la nuit, tu risques fort d'avoir froid. Et puis prends ça !

— À quoi ça sert ? dis-je en m'emparant d'un objet en bois ressemblant à un tabouret de poche.

— C'est un appuie-tête. Il te servira d'oreiller. Je m'allonge sur mon lit de fortune et pose ma tête sur le coussin en bois, tout étonné de ressentir un grand confort.

Je me tourne vers mon voisin et souris en percevant son air mutin. Il est aussi à l'aise ici qu'en France, constaté-je une nouvelle fois.

— Tu sais, mon très cher Skender, je dois te faire part d'un secret. Aujourd'hui, au stade de ton évolution, je sais que tu es à même de l'intégrer et d'en faire bon usage. Es-tu prêt à l'entendre ou veux-tu dormir tout de suite, auquel cas j'attendrai jusqu'à ce que tu me le demandes ?

— Je t'écoute, dis-je, impatient de découvrir la vérité.

— Très bien. Tu te souviens du petit film attendrissant avec cette jeune femme qui donnait le biberon à un bébé lion ? Je te l'avais fait regarder lorsque nous étions à bord de l'avion vers le Kosovo.

Je revois en effet cette vidéo, visionnée sur l'écran tactile individuel de l'Airbus A330, qui m'avait mis si mal à l'aise. J'avais regardé le clip en question sans parvenir à comprendre l'origine de mon trouble.

— La scène du film se passait ici, poursuit-il, sur cette terre volée à mon peuple par la Conservation Safaris Trust.

— Quel est le rapport avec le lion que l'on a massacré ce soir devant nos yeux ?

— Le lien est sans appel. Ces gens sans scrupule élèvent de jeunes lions, ou plutôt les engraissent, et, une fois ceux-ci adultes, ils sont la cible de cette mascarade sanglante à laquelle nous venons d'assister. Des gens du monde entier dépensent des fortunes pour entreprendre comme ils disent : « un safari de chasse romantique dans un jardin d'Éden » !

Je me relève en appui sur mes coudes et regarde, bouche bée, mon ami, demeuré impassible dans la même position, sur son appuie-tête. Je n'en reviens pas et je ressasse ces horreurs…

— Et personne ne dit rien ?

— J'ai bien tenté d'alerter des responsables. Mon père est même allé en parler au président en personne, croyant bien faire. Il s'est vite rendu compte que ça ne servait à rien. Ils sont corrompus à tous les niveaux.

Je fulmine.

— Mais les Maasaï dépossédés au nom de l'avidité et de l'argent pourraient se soulever, eux, contre ces monstres insensibles et insensés, non ?

— La lance contre le fusil, David contre Goliath ! C'est aller au massacre. Les autorités, les gens qui sont au pouvoir n'attendent que ça pour définitivement les mettre au pas et leur confisquer le peu de terres qui leur reste.

Le foyer, animé par une légère brise, s'est transformé en base de lancement d'étincelles multicolores. Mon cerveau lui aussi est devenu le siège d'un véritable feu d'artifice de pensées contradictoires.

Agir, ne pas agir, résister, ne pas résister. Éternel dilemme.

— Alors, qu'est-ce qu'on peut faire ? m'écrié-je, sur un ton de reproche. On ne peut tout de même pas rester assis à contempler ce désastre sans rien faire !

— Tu as une idée ? me demande-t-il sur le même ton, toujours aussi détaché et statufié.

Une bien belle idée me traverse aussitôt l'esprit :

— OK, évidemment, évidemment… Mais il aurait fallu filmer la tuerie de tout à l'heure.

— Si tu avais la vidéo, qu'en ferais-tu ?

— Ça, c'est mon affaire !

— D'accord, ça te regarde. C'est ta responsabilité et je trouve que c'est juste. Alors, je peux t'annoncer que je possède les images d'une tuerie similaire, prises il y a deux ans par Sélénoï depuis ce même lieu d'observation. Les Maasaï ne sont pas vindicatifs, mais ils sont intelligents !

Je l'aurais embrassé. J'exulte comme si je venais de marquer le but le plus important de toute ma vie.

— Tu pourras me les confier ? Je te jure que j'en ferai bon usage.

— Pas de problème, tu les auras. À condition que tu écoutes attentivement ce que j'ai encore à te révéler. Après, seulement, nous pourrons dormir du sommeil du juste. Tu veux bien ?

— Naturellement, je suis tout ouïe.

— Nous sommes tous inter-reliés, aussi bien les êtres humains que toute la Création, et en même temps, nous sommes tous dépendants de la Déesse *Enk'Aï*, l'Intelligence Infinie qui nous aide, nous guide et nous protège en tout temps et en tout lieu. Les Maasaï apprennent très tôt à La laisser agir à leur place, avec l'inébranlable conviction qu'Elle ne les laissera jamais tomber, qu'Elle aura toujours une solution pour eux s'ils ont une foi illimitée en Elle. Ils font ce que l'on appelle « aingoru enkitoo », c'est-à-dire qu'ils « recherchent l'ordre parfait et l'équilibre pour guérir une situation ».

« Tout ce qui nous arrive relève de notre responsabilité, juste parce que c'est dans notre vie. Lorsqu'il nous arrive quelque chose qui nous fait ressentir une blessure profonde, une trahison ou une injustice, nous les remettons au Divin au lieu de devenir malveillant, de blâmer ou de crier au scandale. Ce qui nous permet d'évacuer l'énergie de nos perceptions sur la situation.

Au lieu d'attaquer ou de nous venger, nous laissons l'Amour nettoyer les mauvaises vibrations.

« Pendant une bonne année après que j'ai découvert toute cette épouvantable affaire, j'ai tenté d'alerter les médias, les responsables de ce pays, et celui qui dirige le Conservation Safaris Trust. En pure perte. Alors, j'ai décidé de faire *aingoru enkitoo* durant pas moins de huit semaines, et j'ai répété : "Je me pardonne, je te pardonne, je m'aime, je t'aime, je m'aime, je t'aime, merci, merci, merci."

« Nous, Maasaï, proclamons en effet : "Je t'aime, mais pas plus que je ne m'aime moi-même", pour la simple raison que l'autre n'est qu'un prolongement de soi-même. Pas de séparation. Si bien que si l'autre te fait du mal par exemple, t'atteint émotionnellement, il convient avant tout de se guérir soi-même, d'intégrer sa propre part d'ombre, de s'aimer et par conséquent d'aimer l'autre, pour modifier la situation et changer le cours des choses. Tu me croiras si tu veux, mais la neuvième semaine, le directeur responsable du safari qui se fait appeler "Son Excellence" m'a reçu chez lui. Avec courtoisie et compréhension.

« Lors de cette entrevue, je n'ai rien revendiqué en particulier et je suis demeuré relié à l'esprit de l'Amour. Il en est venu de son propre chef à me parler des lions et de la chasse. Il comprenait mon désarroi et il y remédierait dans les plus brefs délais. Je constate certes que ses mots n'ont pas été suivis d'effet. Pour le moment. Je n'en continue pas moins d'assumer toute ma responsabilité et de formuler avec tendresse mes "Pardon, je m'aime, je t'aime, merci…". »

Je l'écoute religieusement. Un temps d'arrêt. Il se lève et me regarde, puis dit, avec un large sourire :

— La vraie spiritualité, telle que celle que nous pratiquons sans la nommer, enseigne que c'est le Divin qui connaît le dénouement parfait, pas moi, pas nous. Ta méthode sera efficace et complémentaire à la nôtre, car je sais qu'elle reposera elle aussi sur l'Amour. Tu as bâti une foi telle que tu as pu lâcher prise en faisant seulement le travail qu'il fallait pour trouver ta paix intérieure. Tu es prêt.

46

TROIS JOURS PLUS TARD...

Ingrid n'a pu venir avec moi en Afrique de l'Est, étant partie à Munich au chevet de sa mère, victime d'une chute en montagne alors qu'elle faisait de l'escalade.

Sélénoï, elle, a tenu à nous accompagner. Et depuis sept heures ce matin, nous nous promenons tous les deux au cœur d'une région perdue, sauvage, entourée de toutes parts par d'imposantes collines boisées. Je marche à présent juste derrière elle, sur un petit chemin qui monte en pente douce. Elle a la peau luisante, et le soleil se reflète sur son crâne lisse, au point que je suis presque contraint de baisser les yeux. Sa cape bleu outremer, rabattue en arrière, offre à ma vue ses épaules et ses bras, comme une tentation. Et j'ai du mal à porter mon regard ailleurs que sur sa démarche aérienne, il émane d'elle un parfum de mystère.

Des vaches convergent par milliers dans la vaste plaine en contrebas, attirées par la forte teneur en sel des pâturages. En avisant devant moi, plein cadre, une outarde kori d'au moins un mètre de haut, qui me nargue comme si elle me mettait au défi de prouver ma raison d'être ici, je n'hésite pas : je fonce dessus pour la faire s'envoler, ce qui ne manque pas d'arriver.

Sélénoï titube de rire, se précipite dans mes bras et sa bouche effleure mon visage. Curieusement, je ressens comme une réticence de ma part. Comme si j'avais soudainement peur de ne pas être à la hauteur.

Nous repartons. De hautes herbes griffent maintenant ses mollets et accrochent sa cape, qu'elles gonflent régulièrement au passage. Dans le ciel bleu parsemé de nuages blancs, des vautours semblent danser pour elle et pour elle seule. Et si j'étais de trop dans ce décor ?

Soudain, au lieu de franchir la crête, Sélénoï redescend vers moi et m'indique sur la droite une ravine bordée d'acacias parasols où un filet d'eau coule entre des rochers ronds.

— Viens, suis-moi, nous allons nous reposer un peu à l'abri du vent et du soleil, m'enjoint-elle, d'un air décidé.

Je presse joyeusement le pas, elle m'a jeté un bref coup d'œil et son visage est rayonnant. Arrivé au bord du minuscule cours d'eau, je me laisse tomber sur le sable en prenant appui sur une grosse roche de forme allongée, à laquelle je m'adosse après avoir ôté mon sac.

J'en extrais une gourde avant de relever la tête vers la jeune femme.

— Prends un peu d'eau !

Je suis moi-même mort de soif.

— Tu es fou ! Prends plutôt la mienne et bois du lait, tu as besoin de reprendre des forces, me réplique-t-elle sur un ton sans appel.

— À la condition que tu viennes t'adosser à côté de moi.

Ce qu'elle fait aussitôt. Sa peau cuivrée brille, la parant tout entière de l'éclat d'un diamant. Elle se blottit contre moi, avec la confiance d'une enfant.

— Merci pour ce que tu es, lui dis-je. Merci de lutter comme tu le fais contre cette folie mercantile. Merci pour le film. J'en ferai bon usage.

Lentement, avec révérence, ma main erre sur sa peau douce et tiède.

Très vite, pourtant, je suis ailleurs. J'ai obstinément en tête ce qu'Ingrid m'avait dit un jour à propos du fil rouge qui unit l'amour que nous avons l'un pour l'autre :

« *Un fil rouge qui est gouverné par le Destin, c'est pour cela que, quoi qu'il arrive, il restera solide. Dans la vie de chaque femme et de chaque homme, il existe une personne, un être avec lequel elle – ou il – peut trouver l'union parfaite et la complétude, à condition d'être construit intérieurement. Le risque dans un couple, si chacun ne cultive pas son jardin intérieur, est en effet de vivre en état d'insatisfaction et de nostalgie perpétuelles.* »

Sélénoï l'a senti et n'a pas attendu pour se relever. Adossée au rocher, elle me glisse :

— Tu ne pourras jamais échapper à ton cœur, alors le mieux est que tu écoutes ce qu'il a à te dire ! Tu es un authentique romantique…

— Romantique, moi ?

— Oui, absolument, mon cher Skender. Mais, rassure-toi, l'amour romantique n'est pas un concept passé de mode, bien au contraire ! Il a toujours été honoré en tout temps et en tout lieu, dans la mesure où l'on s'associe au divin tel qu'il se manifeste au sein d'un autre être humain. Une personne avec laquelle il est possible d'établir une complicité si intense qu'elle durera toute la vie. Or, je sais que tu as trouvé ton âme sœur. Elle s'appelle Ingrid.

47

Paris, Palais des Congrès, jeudi 21 juin, 19 h 30…

Une main aimante me caresse les cheveux. Je me retourne, si fier de la présence de ma maman, l'être le plus cher au monde. Je suis ému aux larmes de voir à ses côtés Dilé ainsi que toutes mes cousines venues de Munich. Un événement tel que celui que je m'apprête à vivre a beau être lié au foot business, il est également chargé de pures émotions.

J'ai aussi une pensée de gratitude pour les gens ordinaires, ceux qui une fois rentrés chez eux après une longue journée de travail vont boire une bière et regarder dans leur salon la retransmission en direct de la remise du Ballon d'or.

Dans le grand amphithéâtre archi-comble du Palais des Congrès règne une tension palpable à mesure que nous nous approchons du verdict.

Bien évidemment, tout ce que la planète foot compte de journalistes a répondu présent.

J'ai aperçu un peu plus tôt Jeanne Le Dantec et Hans Dickel, sur leur trente-et-un. Ils m'ont salué, un large sourire aux lèvres. Un signe ?

Pour l'heure, nous en sommes à la remise du trophée du meilleur entraîneur de l'année. La voix grave du commentateur explose dans les haut-parleurs : « And the winner is : Jordi Del Compo, le coach espagnol du Paris Saint-Germain. »

Je suis sincèrement heureux pour lui, il le mérite. Les applaudissements éclatent de partout. Ingrid, assise près de moi, vient d'entrecroiser les doigts de sa main droite avec les miens et les serre à me faire mal. Je lui adresse un regard extasié, et me penche jusqu'à être joue contre joue :

— Tu es plus belle que jamais !

Elle semble presque timide, en dépit de sa radieuse beauté.

La soirée est épuisante pour les nerfs. Le stress ambiant est tangible, mais je demeure serein, en paix avec moi-même, comme si tout cela ne me concernait pas vraiment. Comme s'il s'agissait d'une formalité extérieure, superficielle à laquelle mon être profond n'adhérait plus que modérément.

Deux rangées devant moi, j'observe le Portugais Cristiano Rivaldo, détenteur du dernier trophée. Je suis surpris de constater que des gouttes de sueur coulent sur son visage, et que sa bouche tremble.

Instantanément, je lui envoie de l'amour…

À ma droite, Mayiani porte un smoking tout comme moi, avec une grâce si naturelle qu'en comparaison, j'ai l'impression d'avoir emprunté un costume qui ne me correspond pas. J'en ris de bon cœur.

Les cheveux noirs très fournis impeccablement ramenés en arrière, un beau visage d'éphèbe, il regarde droit devant comme s'il contemplait une région de grand calme au-delà de la scène, bien loin de toute cette agitation « people ».

Le jeune homme a profité d'un moment de calme, tout à l'heure, pour venir enfiler à mon majeur un huitième anneau, couleur vert d'eau, et m'expliquer :

« Tu es en plein accord avec ta réussite, je sais ce que tu t'apprêtes à leur démontrer. Tu n'as plus d'autre choix que de l'accepter. La récolte s'annonce féconde. Montre-leur ce qu'est la foi d'un authentique engagement ! C'est un grand principe de vie chez nous. Lorsque la réussite est déjà là, qu'elle saute aux yeux et qu'elle frappe à ta porte, tu n'as plus d'autre choix que de l'accepter. Nous l'appelons : *Anoto* ! Elle a pour signe avant-coureur un grand essoufflement. Rien que de très normal en somme, car il s'agit d'un cycle naturel qui n'est dû ni à un abus ni à une cause psychologique. C'est au contraire une fatigue qui résulte de ton labeur et qui annonce une récolte illimitée. La refuser reviendrait à t'infliger la pire des malédictions, parce qu'il est impossible de dire non à ce qui existe déjà. Impossible par conséquent de refuser sa propre réussite, sauf si tu consens à ce que sous-entend le proverbe maasaï : *Ake earr oltungani olosek lenye*, "L'homme se laisse toujours piéger par lui-même !" Assurément, si tu ne vis pas pleinement ta réussite, si tu te fais du souci en permanence pour un oui ou pour un non, c'est une perte de temps et d'énergie qui débouche sur la peur de l'inconnu, une peur qui se perpétue. De plus, cela ne fait qu'aviver en soi l'énergie de la colère. Si on la refoule, on se blesse intérieurement, et si on l'exprime, non seulement on se blesse intérieurement, mais elle a de graves répercussions sur notre entourage. »

La tension dans la salle est devenue palpable. « Mesdames et messieurs, je réclame toute votre attention. Le moment est venu de vous annoncer qui remporte cette année le célèbre trophée du Ballon d'or France Football. »

La comtesse me broie littéralement les phalanges, sans discontinuer. Mon cœur bat un peu plus vite. J'ai hâte de connaître la suite. Je suis prêt. Le maître de cérémonie manie le suspense à merveille.

Il ouvre l'enveloppe avec une lenteur exaspérante, sourit de façon un peu niaise, attend, l'air grotesque et affecté, durant une éternité, et se jette enfin à l'eau : « Mesdames et messieurs, je vous demande d'applaudir très fort le footballeur arrivé à la troisième place. Il s'agit de… »

Tout le monde retient son souffle.

— Alors, alors ! dis-je avec une certaine impatience qui me surprend moi-même.

« Je demande à Cristiano Rivaldo de rejoindre la scène… »

Des applaudissements hésitants se font entendre, qui reflètent l'incompréhension.

Je le vois se lever, groggy, sonné pour le compte. KO debout, il se déplace comme un automate. Une fois sur scène, je m'aperçois que son visage est baigné de larmes. Inconsolable. J'ai de la peine pour lui. Son dépit est sincère. Il est humain, tout simplement, et réagit comme tel, avec sensibilité, voilà tout.

Je lui envoie encore plus d'amour. Son discours tient en trois mots : « Je suis désolé ! »

La voix douce d'Ingrid murmure à mon oreille : « Je t'aime. »

Je la regarde d'un œil attendri. Ma réponse (« Moi aussi, je t'aime ») se confond avec la voix en stéréo de l'homme au micro :

« Arrivé second cette année, je vous demande d'applaudir… »

Silence, insupportable silence…

« Oui, on applaudit Lionel Mostari. »

Le petit lutin se lève, l'air insondable, un sourire d'enfant au coin des lèvres. Les applaudissements sont nettement plus nourris.

Je me demande pourquoi tous les regards se sont d'un coup braqués sur ma petite personne, au lieu d'être aimantés vers le célèbre et génial Argentin.

En fait, très sincèrement, à l'annonce du footballeur arrivé en deuxième position, je n'ai pas encore réalisé que par simple déduction le grand vainqueur ne peut être que moi. Oui, moi ! J'en ai la bouche sèche.

Il me faut toutefois demeurer concentré sur l'essentiel, il le faut. C'est maintenant que le plus dur commence. Je dépose de toute urgence le fardeau de mes peurs et de mes doutes à la Banque de l'Univers.

En mon for intérieur, je demande à la Déesse *Enk'Aï* des Maasaï de m'aider dans mon entreprise.

Quelques instants plus tard, après les quelques mots prononcés par l'attaquant vedette de Barcelone, j'entends à peine mon nom, associé à mon numéro 9, que je suis assailli de toutes parts.

Ma mère et mes cousines se sont levées comme des fusées de détresse, Ingrid tente de m'embrasser, Sélénoï s'est précipitée dans mes bras et me serre si fort, que j'en ai le souffle coupé.

On ne peut plus parler d'applaudissements, mais d'allégresse générale et d'explosion de joie. Toute la salle est debout. C'est une « standing ovation ».

Je tente en vain de rester stoïque, debout surtout, et file tant bien que mal vers la scène où un écran géant diffuse les images de mes plus beaux buts de l'année.

Arrivé sur l'estrade derrière le pupitre où trône le mythique Ballon d'or, j'ai étonnamment les idées claires. Je ne ressens aucune émotion particulière pour le trophée que je viens de gagner grâce à mes prouesses sur le terrain.

À dire vrai, ce qui, encore l'an dernier, m'aurait procuré l'indicible satisfaction d'avoir conquis le *Graal* pour le footballeur que je suis ne veut plus rien dire du tout. C'est un constat.

Que j'ai changé ! Mûri surtout.

Par contre, tout ce que j'ai imaginé depuis mon retour de Tanzanie est prêt à se dérouler maintenant. Je n'ai qu'à le décider. Et je le décide.

Je me lance sans plus attendre, et en français s'il vous plaît :

«Je vous remercie tous. Aussi bien les gens présents ici ce soir dans ce haut lieu parisien, que vous autres, téléspectateurs du monde entier, qui assistez à la retransmission en direct de cette cérémonie.

«J'ai une petite pensée pour mes amis de jeu Léo et Cristiano qui, à n'en pas douter, remporteront encore de nombreuses fois ce magnifique Ballon d'or auquel nous rêvons tous.

«Un grand merci au Paris Saint-Germain qui m'a si bien accueilli, à son président, Abd el-Baki al-Katar, qui n'a pas ménagé ses efforts pour m'intégrer dans le groupe, pour sa grande humanité aussi. Et bien sûr à mon coach qui a toujours cru en moi *(rires)*.

«J'ai une pensée d'amour, sans calcul et sans limite, pour ma supportrice numéro un, Ingrid, qui est à mes côtés ce soir. Je lui dois tant.

«J'ai une pensée particulière pour ma famille. Pour ma maman, présente ici même, que j'embrasse avec toute ma tendresse et la reconnaissance éternelle de m'avoir permis d'être moi-même.

«Je pense aussi à tous mes êtres chers disparus à cause de la haine si destructrice entre les hommes.

«À ce propos, je tiens à remercier mes deux amis les plus chers, Mayiani et Sélénoï, frère et sœur, qui sont ici également et qui, toute cette année, m'ont accompagné durant les bons et les moins bons moments.

«Je leur dois de m'avoir permis de découvrir le vrai bonheur qui était occulté par ma volonté de vouloir tout contrôler. Ils m'ont appris avec une infinie douceur à transformer le calme de surface du mental en un profond rayonnement intérieur.

«Il y a moins d'un mois, ils m'ont emmené dans leur pays, au cœur de leur terre des Origines de l'homme. La terre des Maasaï.

« Une terre dont ce célèbre peuple-racine était, depuis des temps immémoriaux, le gardien naturel pour les générations à venir. Une terre de laquelle il a été tout bonnement mis sur la touche, ayant été considéré comme l'empêcheur de faire de gigantesques profits en rond.

« Résultat, les Maasaï sont en train de disparaître, et la faune sauvage avec laquelle ils vivaient en osmose, aussi.

« Je vous propose de regarder le petit film que j'ai préparé à votre intention. Vous avez le droit de savoir… Le monde a le droit de savoir. »

Chuchotements dans les travées, mais aucune protestation. Les feux des projecteurs s'éteignent, mes buts s'effacent, les lionceaux les remplacent à l'écran.

Paul, le responsable de ma communication a fait du très bon boulot. Tout semble marcher comme sur des roulettes…

À mesure que les images défilent, le silence devient de plus en plus pesant. Je sens les cheveux se dresser sur la tête des spectateurs. On entendrait une mouche voler. « La vérité est plus amère que le mensonge » est le proverbe maasaï qui me vient à l'esprit.

Lorsque les lumières se rallument, je suis prêt pour la suite. Décorum et mondanités sont devenus dérisoires. J'enchaîne spontanément :

« Le grand-père de Sélénoï et de Mayiani, qui vit encore de façon traditionnelle dans ce lieu profané que nous venons de voir à l'écran, m'a remis cette prière, qu'il a intitulée : "La prière d'un Maasaï". Je vous la lis :

« "Ô *Enk'Aï,* Intelligence Infinie, dont la voix se fait entendre dans le vent et qui d'un souffle anime tout l'univers, écoute-moi ! Je suis un de Tes enfants, petit et faible. J'ai besoin de Ton aide et de Ta sagesse. Que mes oreilles soient attentives à Ta voix. Que mes yeux contemplent à jamais la splendeur d'un soleil levant. Que mes mains respectent Ta création. Rends-moi sage afin que j'apprenne ce que Tu as enseigné à mon peuple, la leçon cachée en chaque feuille, en chaque arbre, en chaque rocher. Je demande la force, non pas d'être supérieur à mes frères et à mes sœurs, mais de combattre mon pire ennemi, moi-même. Fais que je sois toujours prêt à venir à Toi, les mains sans tache, le regard clair et la démarche alerte. Quand ma vie s'éteindra comme un soleil couchant, je veux que mon âme puisse aller vers Toi en toute confiance." »

Il règne un silence presque irréel. J'en profite pour faire éclater le bouquet final :

« Y en a-t-il parmi vous qui souhaitez venir en aide à notre Terre malade avant qu'elle ne devienne une planète de naufragés ? Y en a-t-il parmi vous qui souhaitez venir en aide aux Maasaï ? Y en a-t-il parmi vous qui êtes prêts à acheter mon trophée ? Les dons récoltés serviront à payer les avocats pour que les Maasaï récupèrent leurs terres, et que cessent ces safaris meurtriers. Je loue par avance votre générosité.

« Je déclare solennellement devant vous que mon Ballon d'or appartient désormais à toutes les femmes et tous les hommes de bonne volonté.

« Grâce à votre prise de conscience, Maasaï, faune sauvage et vaches recouvreront bientôt leur osmose originelle. La Terre redeviendra un véritable jardin d'Éden. Il n'est pas trop tard.

« Comme disent les Maasaï : "La terre tout entière aura beau brûler, il en restera toujours quelque chose !" »

48

Château de Brisbach, Bavière, samedi 7 juillet…

Le seul bruit qui trouble le silence est le cliquetis des couverts en argent sur la porcelaine de Sèvres du XVIIIe siècle. Une vingtaine de convives, portant smoking et robes longues, sont répartis de part et d'autre d'une très longue table somptueusement décorée. Deux grands chandeliers diffusent une lueur douce et chaude qui ne dissipe pas entièrement les ombres de la grande salle à manger du château de Brisbach.

L'immense pièce, au sol de marbre, regorge de tableaux modernes et d'œuvres d'art. Les yeux d'Ingrid s'embuent. Un des violonistes de l'orchestre de chambre vient de se pencher sur elle et fait vibrer son archet au rythme de *Strangers in the Night*.

Assez déroutant après l'interprétation plus que réussie d'un quatuor de Mozart.

— *So gemütlich*[1] *!* murmure-t-elle.

Assise à mes côtés, en bout de table, peu maquillée, ses longs cheveux blonds relevés en natte, vêtue d'un simple pull noir en laine fine et d'une jupe évasée, elle est plus belle que jamais, avec ses pommettes hautes et ses immenses yeux verts.

— C'est tellement merveilleux d'être ici avec toi. *So wunderbar !*

1. Tellement touchant !

Perdu dans mes pensées, je ne lui réponds pas immédiatement. Comme le violoniste s'éloigne, elle m'adresse un sourire ébloui et me glisse discrètement à l'oreille :

— Tu ne manges pas ?

— Si, si, affirmé-je en entamant du bout des lèvres ma caille, pourtant rôtie à point.

— Es-tu sûr d'aller bien ? renchérit-elle aussitôt.

En réalité, mes yeux ne peuvent se détacher de mon majeur et du cercle de perles indigo illustrant le neuvième et ultime stade de mon initiation. Je me remémore les mots de Mayiani, venu à Roissy avant-hier pour me le remettre tout spécialement :

« *L'éveil à la force de l'Amour correspond à l'éveil de l'Homme. Nous l'appelons "enyorrata". Quand nous donnons librement de l'amour, nous nous donnons tout entiers, nous sommes vrais avec nous-mêmes, nous ne trichons pas, nous ne comptons pas. L'Amour et la Vérité sont une seule et même chose. Au point que nous disons : "Ore olonoto enkitok supat nenoto olpusii ogol enkinyianga" : "Celui qui est heureux en couple est plus riche que celui qui possède une pierre précieuse !" Tu as choisi avec clarté la personne avec laquelle tu sais que tu seras heureux en couple. Le jour est venu de t'abandonner à cette autre personne qui te rendra heureux à jamais. De la même façon que le ciel donne le liquide amniotique à la terre ; que le soleil donne sa lumière aux arbres ; que les arbres donnent leurs fruits aux oiseaux, aux girafes et aux éléphants ; que ceux-ci disséminent les graines qui s'offrent à la terre ; et que la terre gorgée de liquide amniotique fait germer la vie. Tu viens de refermer ton propre cercle, tu as maintenant toute la vie devant toi, ta vie…* »

— Je me demandais juste si nous n'aurions pas dû nous aussi nous mettre en tenue de soirée.

— Ne t'inquiète pas, mon chéri, tu as oublié qu'ici on est libre de tout et surtout d'être soi-même.

— Oui, oui, tu as sans doute raison.

— Regarde mon oncle Ludwig ! ajoute-t-elle, ne me sentant que très moyennement convaincu.

Le baron Ludwig von Brisbach, à l'autre bout de la table, le visage énergique, les yeux bleus sous des paupières tombantes, est vêtu d'une simple chemise brodée, rehaussée d'un foulard de soie, et d'un pantalon blanc.

Le baron est un des hommes les plus riches d'Allemagne – propriétaire entre autres d'une importante banque d'affaires ainsi que d'une compagnie aérienne. Il se montre d'une affabilité exquise et fait preuve d'une intelligence de cœur tout à fait hors du commun.

Il n'attend pas que l'orchestre enchaîne avec un autre morceau, il choque son verre à pied avec son couteau pour interpeller l'assistance :

« Mes chers amis, je voudrais que nous portions un toast à Skender Murati, l'homme que le monde entier nous envie ce soir d'avoir à notre table. Mais, auparavant, laissez-moi vous lire un passage du livre qu'Hildegard Hoëness vient de publier sur notre champion. Voici ce que notre merveilleux hôte a eu le cran de déclarer il y a quelques jours aux micros de toutes les télés du monde lors de sa remise du Ballon d'or à Paris, et que l'auteure allemande rapporte dans son livre :

« “… Les sociétés primitives ne le sont pas. Elles vivent simplement à un autre rythme de l'histoire. Quand comprendrons-nous qu'elles ont une authentique spiritualité, qui s'exprime écologiquement, à nous offrir ? En ce moment clé de notre existence où le credo matérialiste et de consommation effrénée diffuse comme jamais son arrogance aux quatre coins de la planète, accepterons-nous de continuer d'être les fossoyeurs du monde sans rien faire ?

« Les économistes honnêtes savent qu'il ne faudrait actuellement pas moins de neuf planètes pour absorber les effets négatifs de notre train de vie insensé. Or, que je sache, nous n'en avons qu'une !

« Quand comprendrons-nous que ces peuples sont le second souffle de notre humanité malade ? Nous avons besoin d'eux. Et plus ça ira, plus nous aurons besoin d'eux ainsi que de leurs connaissances subtiles. Ce serait alors une triste ironie du sort s'ils avaient tous disparu !…" »

Après avoir terminé sa lecture, il poursuit :

« La vie est magique, n'est-ce pas ? Elle se charge de nous ouvrir les yeux. De leur côté, les Maasaï se sont chargés d'ouvrir ceux du mythique numéro 9 du *Bayern München* et du Paris Saint-Germain que nous avons l'immense privilège de compter parmi nous ce soir. La vie est bien faite, vous ne trouvez pas ? Il suffit d'écouter les signes qu'elle nous envoie à longueur de journée. »

Pendant que le maître de maison parle, je laisse mon regard errer sur les boiseries de la salle à manger où sont accrochés les portraits de quelques-uns des ancêtres d'Ingrid. J'éprouve une sensation bizarre.

Puis je reporte mon attention sur ma *Gräfin*. Et soudain je prends conscience que je n'ai jamais rencontré personne qui exprime aussi bien qu'elle ce qui couve en moi depuis si longtemps sans que je parvienne à le formuler.

Durant ces derniers mois, grâce à sa présence, grâce à ses mots aussi, de nouvelles pensées ont pris forme, soudain un chemin s'est ouvert devant moi, et le parcourir ne m'a plus paru impossible.

Je me souviens, attendri, lui avoir demandé un jour : « Comment fait-on pour avoir la foi ? » Ce à quoi Ingrid m'avait répondu : « Rien, on ne fait rien. Elle vient. Tu l'as déjà, mais ton orgueil t'empêche de l'admettre, tu te poses trop de questions, tu compliques ce qui est simple. En réalité, tu as une peur terrible, voilà tout. Laisse-toi aller, et ce qui doit arriver arrivera… »

En cette minute cruciale, je sais exactement ce qui va arriver, ou du moins ce que je vais dire. Le moment est venu. Et je n'ai plus peur même si ce soir je ne suis guère préparé à cela. Ingrid me presse la main avec tendresse, comme si elle savait elle aussi.

Ce que je m'apprête à demander au baron von Brisbach n'a rien d'incongru, puisque c'est lui qui a élevé Ingrid en grande partie à la suite du décès de son père.

Je me lève à l'instant précis où ce dernier avait mis un terme à son panégyrique et me jette à l'eau :

« *Meine Damen und meine Herren*, baron Ludwig von Brisbach, je voudrais avant toute chose vous remercier d'être là et de m'accepter tel que je suis, c'est-à-dire un être humain comme vous et non pas seulement un footballeur, fût-il Ballon d'or. Lorsque j'étais petit, ma mère me racontait que le cœur humain est comme la Terre, à moitié éclairé par le soleil et à moitié dans l'ombre. Même les plus sages d'entre les sages ne brillent pas entièrement. Par le simple fait que le corps existe, nous sommes tous en grande partie ombre. Vivre n'est rien d'autre qu'être conscient de cela, c'est lutter afin que la lumière ne disparaisse pas, vaincue par l'ombre.

« Lorsque Ingrid est venue me rejoindre à Paris en octobre dernier, il ne s'est rien passé. En ce temps-là, quand je fermais les yeux, quand je plongeais mes yeux à l'intérieur de moi, je ne voyais rien. Puis, petit à petit, quelque chose a changé. Je continuais de ne rien voir, mais ce n'était plus une cécité absolue. Au fond de l'obscurité, il commençait à y avoir une lueur, de temps à autre. Pendant des instants très brefs, j'arrivais à m'oublier moi-même. C'était une petite lumière, faible, juste une toute petite flamme qu'un souffle aurait pu éteindre. Mais sa présence m'a rendu étrangement léger, joyeux. Il n'y avait ni euphorie, ni exaltation, mais la conscience sereine d'exister. Ingrid m'a redonné foi en la vie. »

Je m'interromps pour me délecter du regard espiègle de ma comtesse. Décidément, ses yeux sont plus lumineux que jamais et je poursuis :

« Au fil des mois, nos liens se sont resserrés tant et si bien qu'aujourd'hui, je me sens libéré, au-dessus des malheurs et des folies de l'humanité. Je suis libre de vivre, libre d'aimer. Je veux vivre à ses côtés. Je veux qu'elle devienne ma femme. C'est pourquoi, baron Ludwig von Brisbach, je vous demande officiellement la main de votre nièce, que vous avez toujours considérée comme votre propre fille. »

Le baron se lève d'un bond, et se met à parler d'une voix forte afin que tout le monde l'entende :

« En tant que l'oncle remplaçant son père, je suis censé vous donner la main de ma nièce. Pourtant, je ne suis pas sûr de pouvoir le faire. »

Un grand silence accueille ses propos. Il enchaîne :

« Je ne peux pas plus donner la main de ma nièce que je ne peux donner mon cœur. En revanche, je peux laisser un autre partager le bonheur dont elle m'a toujours comblé. Que Dieu vous bénisse tous les deux ! »

Je plonge mon regard dans celui d'Ingrid avec un sourire béat, incapable de retenir les mots qui se bousculent sur mes lèvres :

— Je t'aime, Ingrid. Tu es la meilleure chose qui me soit arrivée. Veux-tu être ma femme ?

Elle se lève à son tour et se blottit dans mes bras.

— Je t'aime moi aussi, tu es l'homme de ma vie, je veux être ta femme pour l'éternité.

Puis, elle retire de son annulaire droit la bague en or qui ne la quitte jamais et la pose dans ma main. Le bijou représente une tête de lion délicatement ciselée, dont les yeux sont des émeraudes.

— Pourquoi me donnes-tu ce bijou ?

— Parce que je l'ai reçu de mon père et que, chez nous, il est de tradition que la jeune fille qui se marie le transmette à son tour à son futur mari. Il symbolise la puissance de l'Amour.

— Merci, ma tendre Ingrid.

Je l'enfile à mon auriculaire, lui jurant qu'il me quittera uniquement l'espace de mes matchs de football. À mon tour, j'ôte de mon majeur droit le bijou en perles que j'ai conquis ces derniers mois à force de patience et de lâcher-prise, et, sans prononcer un mot, le glisse dans le creux de sa main que je referme avec douceur. Ce que je lis dans ses yeux vaut toutes les plus belles explications du monde.

Les 9 clés maasaï à mettre en pratique chaque jour pour découvrir sa mission de vie

Première clé : *Aingoru Enkitoo*

« Recherher le Bon Ordre Intérieur »

Le monde, l'Univers, tout ce qui nous environne, mais aussi vous, nous, moi, est sacré dans le sens où il s'agit d'un immense champ d'énergie, encore inexploré, qui permet à chacun d'entre nous de se construire dans son être, mais aussi de communier, de partager et d'être en relation avec l'ensemble de la Création. Être dans la justesse – dans ses mots, dans ses actions –, cela signifie pour les Maasaï être reliés à *Enk'Aï*, la Déesse, le champ supérieur d'Énergie. Une posture qu'exprime l'expression « avoir le regard clair et la démarche alerte » : la clarté du regard signifie que la cohérence intérieure se voit à l'extérieur ; quant à la démarche alerte, elle témoigne d'un sentiment de légèreté et de sécurité dû à la certitude de marcher sur son bon chemin. Troubles, conflits, agitation sont, en revanche, les signes que l'on s'est décentré et que l'on s'est éloigné de sa « mission ». Car pour les Maasaï, être en quête du bon ordre, c'est aussi chercher ce que l'on est venu faire sur terre.

Écouter les messages de son corps, lorsque l'on fait un choix ou prend une décision est la première clé à mettre en pratique. Si ces messages sont justes, sous les émotions superficielles (appréhension, excitation), l'on doit ressentir une vague de calme, une sensation de paix intérieure.

Deuxième clé : *Ilmao*

« Accepter la dualité »

Le terme « maasaï » provient du mot *ilmao* (« les jumeaux »), qui exprime la croyance selon laquelle toutes les choses sont reliées à d'autres pour former des paires d'éléments complémentaires. Comme dans le Tao et sa figure du Yin et du Yang, les contraires existent, mais ils ne sont pas antagonistes. La dualité règne à l'extérieur (comme le jour et la nuit, la pluie et la sécheresse) mais aussi à l'intérieur de soi, où s'entrechoquent les élans altruistes et les désirs égoïstes, la peur et le courage… Refuser cette dualité est, pour les Maasaï, le meilleur moyen de souffrir et d'être en conflit avec les autres. D'où la nécessaire acceptation de la dualité du monde et des êtres, une posture qui favorise la patience et la bienveillance.

Il s'agit de mettre en adéquation ses mots et ses actes pour éviter les dissonances et les antagonismes, sources de déséquilibre personnel et relationnel. Actes et mots doivent être jumeaux. Aucune différence entre le penser, le dire et le faire chez les Maasaï, qui savent par expérience que cette cohérence est la garantie de relations saines et durables.

Troisième clé : *Osina Kishon*

« Accueillir la souffrance-don »

Sans souffrance, pas d'éveil. C'est la conviction profonde des Maasaï, qui voient, dans les épreuves envoyées par *Enk'Aï*, l'opportunité de grandir. Un de leurs proverbes sacrés en témoigne : « La chair qui n'est pas douloureuse ne ressent rien. » Dans cette perspective, ils remercient la Déesse-Mère de placer l'épreuve-opportunité sur leur chemin. Leur rituel collectif consiste alors à « nouer son cœur » en faisant huit nœuds (représentant l'épreuve) sur une corde (le cœur), qu'ils vont dénouer (symbole de la résolution), montrant ainsi que, encore une fois, tout est dual et que l'on ne peut délier un problème qu'en le reconnaissant comme sien puis en affrontant la difficulté pour la résoudre.

Il s'agit de procéder comme les Maasaï qui visualisent leurs émotions (peur, tristesse, colère, abattement, désir de vengeance…) et les transportent vers leur cœur pour les brûler et les transformer en vive énergie, à la manière de l'alchimiste qui, dans son athanor, transforme le plomb en or.

Quatrième clé : *Merrumoroyu ene Nkaï tendakule*

« Tu ne peux pas presser la Déesse en lui donnant un coup de coude ! »

La patience vient à bout de toutes les difficultés et permet surtout de comprendre Ce-Qui-Est. Pour cela, il ne faut pas être distrait ou faire des efforts, ce qui est la même chose. Pour comprendre ce qu'un interlocuteur nous dit, l'on ne peut pas en même temps écouter les conversations des autres : il faut lui accorder toute notre attention. La pensée de beaucoup de gens est devenue une distraction. Il devient donc extrêmement difficile pour eux de percevoir Ce-Qui-Est. Ils ne peuvent plus le comprendre, leur esprit étant bien trop préoccupé par le passé, le futur, fuyant dans toutes les directions, impatients. Or, sans cette compréhension, la vie n'a aucun sens. Elle n'est qu'une guerre permanente où la dualité, la douleur et la souffrance se perpétuent. L'on est réduit à ne plus la regarder qu'à travers les lunettes de préjugés et d'identifications. Être conscient de Ce-Qui-Est nous révèle au contraire les profondeurs de la Vie dans lesquelles se trouvent la joie, le bonheur et la seule Réalité.

Méditer, faire silence, amène à ressentir au plus intime de soi Ce-Qui-Est, et, grâce à une pratique quotidienne de quelques minutes, l'on n'a plus jamais d'effort à faire pour le retrouver.

Cinquième clé : *Melang'i inkirragat*

« Tu ne peux passer au-dessus de ce qui t'est destiné ! »

Nous sommes tous déterminés par un destin qui nous est propre, mais qui est toujours dépendant de la Déesse *Enk'Aï*, raison pour laquelle il faut pardonner. Selon les Maasaï, le refus de pardonner est du pur orgueil. La seule attitude à adopter, si l'on aspire au bonheur, est d'avoir la certitude reconnaissante pour tout ce qui arrive. Apprendre à être dans la gratitude à chaque instant, apprendre à remercier l'Univers, *Enk'Aï*, dès le réveil, à remercier le Grand Tout. Ce faisant, très vite, l'on prend conscience que ce que l'on avait pris pour une frustration au moment où on le vivait, n'était qu'un moyen pour s'écarter d'une voie pleine de dangers ; et que, inversement, ce que l'on avait tenu pour une circonstance favorable s'était révélée être une impasse.

Faire de plus en plus confiance à la Vie pour se « centrer » et préciser à son attention ses désirs les plus secrets sont les fruits de cette cinquième clé.

Sixième clé : *Olotuno*

« Être le planteur de son jardin intérieur »

À la posture du constructeur, les Maasaï préfèrent celle du « planteur ». Alors que le premier se concentre uniquement sur la réalisation de l'objectif qu'il s'est fixé, la construction, le second « plante » son arbre, le soigne, mais accepte de faire avec ce qui lui échappe (le rythme de croissance, les aléas climatiques). Concrètement, même si les Maasaï sont de purs pasteurs et non pas des agriculteurs, « être planteur », selon eux, c'est se mettre en phase avec le moment présent, s'adapter et se maintenir dans un état entre vigilance et confiance, volonté et humilité. Cette souplesse est facteur de sérénité, de patience et prémunit contre la colère et la déception.

Comme pour tout Maasaï accompli, l'idée est de découvrir en son être intime le point central autour duquel mobiliser toutes les forces profondément enracinées, de se libérer du poids de l'indécision et d'entrer dans le monde réel, celui que l'on porte à l'intérieur et non à l'extérieur.

Septième clé : *Mme Neijia*

« Ne pas être d'accord de ne pas vivre en accord »

Il s'agit de mettre en acte le fait de ne plus être en accord, seule façon de pouvoir entrer dans son corps une fois pour toutes et dans sa densité. Savoir dire non à ce qui nous entrave. Chez les Maasaï, rien ne peut plus désormais être ajouté ni retranché à sa propre décision. Selon eux toujours, il est vain de gaspiller son temps à cogiter et à ruminer, ce qui épuise physiquement et psychiquement. En effet, se sentir prisonnier d'une situation que l'on réprouve ne nous permet plus d'entrer dans le monde réel qui est en soi. Il ne peut alors demeurer qu'une grande souffrance, un grand fardeau.

Apprendre à se poser, à respirer, à ne rien faire ; détendre son corps, diminuer l'excitation, l'agitation mentale ; confiance, décision, équilibre, bien-être, telles sont les devises maasaï du rayonnement.

Huitième clé : *Anoto*

« Être en plein accord avec sa réussite »

Être en plein accord avec sa réussite annonce un grand épanouissement et une récolte féconde. Il s'agit ici d'un grand principe de vie chez les Maasaï. Lorsque la réussite est déjà là, qu'elle saute aux yeux et qu'elle frappe à sa porte, l'on n'a plus d'autre choix que de l'accepter. Elle a pour signe avant-coureur un grand essoufflement. Rien que de très normal en somme, car il s'agit d'un cycle naturel qui n'est dû ni à un abus ni à une cause psychologique. C'est au contraire une fatigue qui résulte de son labeur et qui annonce une abondance illimitée. La refuser reviendrait à s'infliger la pire des malédictions car il est impossible de dire non à ce qui existe déjà, non à la vie. Impossible par conséquent de refuser sa propre réussite, sauf à consentir à ce que sous-entend le proverbe maasaï : *Ake earr oltungani olosek lenye*, « *l'homme se laisse toujours piéger par lui-même !* »

Avoir la foi en un authentique engagement, se brancher sur ce que l'on est vraiment, ne pas laisser le mental remplacer son cœur et s'imaginer qu'en ne goûtant pas à la coupe de la réussite on évitera de souffrir une fois qu'elle sera vide, sont la conclusion de cette huitième clé.

Neuvième clé : *Ore olonoto enkitok supat nenoto olpusii ogol enkinyianga*

« Celui qui est heureux en couple est plus riche que celui qui possède une pierre précieuse. »

Chez les Maasaï, l'éveil à la force de l'Amour correspond à l'éveil de l'Homme. Ils l'appellent *Enyorrata*. Chez eux, quand ils donnent librement de l'amour, ils se donnent tout entiers, ils sont vrais avec eux-mêmes, ils ne trichent pas, ils ne comptent pas. L'Amour et la Vérité sont une seule et même chose, au point qu'ils disent : *Ore olonoto enkitok supat nenoto olpusii ogol enkinyianga* : « Celui qui est heureux en couple est plus riche que celui qui possède une pierre précieuse ! »

Il s'agit donc de choisir avec clarté la personne avec laquelle l'on pressent le bonheur d'être en couple et, le jour venu, de s'abandonner à cette personne. De la même façon que le ciel donne le liquide amniotique à la terre ; que le soleil donne sa lumière aux arbres ; que les arbres donnent leurs fruits aux oiseaux, aux girafes et aux éléphants ; que ceux-ci disséminent les graines qui s'offrent à la terre ; et que la terre gorgée de liquide amniotique fait germer la vie, l'on referme son propre cercle avec une grande confiance, sa vie devant soi, toute sa vie.

PEFC
10-31-2541
Certifié PEFC
Ce produit est issu de forêts gérées durablement et de sources contrôlées.
pefc-france.org

Composé par Soft Office

Achevé d'imprimer par Normandie Roto Impression s.a.s.
sur papier bouffant Munken Print White 80g
N° d'imprimeur : 1801221
Dépôt légal : avril 2018

Imprimé en France